www.tredition.de

AF196377

**By Dana Denzel**

# PCR-Test „unzulässig"?

## Corona-Alltag sicher meistern

 **tredition®**

www.tredition.de

© 2021 Dana Denzel

Verlag und Druck:
tredition GmbH, Halenreie 40-44, 22359 Hamburg

ISBN
Paperback:     978-3-347-23164-1
Hardcover:     978-3-347-23165-8
E-Books:       978-3-347-22511-4

Bildrechte: Dana Denzel/Werner Krug

Bibliografische Information der Deutschen Nationalbibliothek: Die Deutsche Nationalbibliothek verzeichnet diese Publikation in der Deutschen Nationalbibliografie; detaillierte bibliografische Daten sind im Internet unter dnb.dnb.de abrufbar.

Inhaltsverzeichnis

*Ändert sich der Zustand der Seele, so ändert sich auch das Aussehen des Körpers und umgekehrt,*

*Aristoteles*

# Einführung – PCR-Test

### „PCR-Test nicht zuverlässig"?

Die Corona-Pandemie begleitet uns nun schon 1 Jahr. Ein Jahr voller Unsicherheit, Ängste und Sorgen. Zur Einführung dieses Buches möchte ich Ihnen einen sehr interessanten Auszug aus einem Beitrag von Sabine Holzknecht ( freie Journalistin) vorstellen [1] – dieser lautet wie folgt:

Ein portugiesisches Gericht sprach vor wenigen Wochen (November 2020) ein Urteil, welches auch deutschlandweit wie Dynamit durchwirken könnte. Seine Brisanz liegt in der Urteilsbegründung.

Am 11. November 2020 hat das Berufungsgericht von Lissabon in Portugal die Quarantäne von vier Portugiesen für unrechtmäßig erklärt. Von diesen vier Personen war eine Person mittels eines PCR-Tests positiv auf COVID-19 getestet worden, die anderen drei Personen waren als nahe Kontaktpersonen ebenfalls unter Quarantäne gestellt worden.

Warum das Urteil des Berufungsgerichtes von Lissabon auch für uns so interessant ist, ergibt sich aus der Urteilserklärung. In dem 34 Seiten langen Dokument [1] schreibt das Gericht:

„Eine medizinische Diagnose ist eine medizinische Handlung, zu der nur ein Arzt rechtlich befugt ist und für die dieser Arzt allein und umfassend verantwortlich ist. Keine andere Person oder Institution, einschließlich Regierungsbehörden oder Gerichte hat eine solche Befugnis. Es ist nicht Aufgabe der regionalen Gesundheitsbehörde, jemanden für krank oder gesundheitsgefährdend zu erklären. Nur ein Arzt kann dies tun. Niemand kann per Dekret oder Gesetz für krank oder gesundheitsgefährdend erklärt werden auch nicht als automatische, administrative Folge des Ergebnisses eines Labortests, egal welcher Art."

Diese Argumentation allein birgt schon genügend Sprengkraft – wird das hier beschriebene Prozedere ja auch in anderen Ländern Europas, einschließlich in Italien und Südtirol, praktiziert. Doch das Gericht geht in seinen Ausführungen weiter und beschäftigt sich darin ausführlich mit der Zuverlässigkeit der Labortests, genauer gesagt der PCR-Tests. In seiner Urteilsbegründung schreibt das Gericht:

„Auf der Grundlage der derzeit verfügbaren wissenschaftlichen Beweise ist dieser Test [der RT-PCR-Test] an und für sich nicht in der Lage zweifelsfrei festzustellen, ob die Positivität tatsächlich einer Infektion mit dem SARS-CoV-2-Virus entspricht und zwar aus mehreren Gründen, von denen zwei von vorrangiger Bedeutung sind:

**Die Zuverlässigkeit des Tests hängt von der Anzahl der verwendeten Zyklen ab; die Zuverlässigkeit des Tests hängt von der vorhandenen Viruslast ab."**

Mit der Anzahl der verwendeten Zyklen, welche das Gericht anspricht, ist der sogenannte Ct-Wert gemeint. Beim PCR-Test wird das Erbgut so lange vervielfältigt – sprich in Zyklen verdoppelt – bis ein Messsignal erkannt wird – oder eben auch nicht. Der Ct-Wert gibt also an, wie viele Zyklen notwendig waren, ehe ein Test angeschlagen hat.

Zum besseren Verständnis: Befinden sich in einer anfänglichen Probe aus einem Nasen-Rachen-Abstrich für den PCR-Test 10 Viren, so werden daraus:

**nach 30 Zyklen 10.737.418.240,**

**nach 35 Zyklen 343.597.383.680**

**und nach 40 Zyklen 10.995.116.227.760.**

Untersuchungen des Robert-Koch-Instituts (RKI) haben ergeben, dass sich ab 30 Zyklen (Ct > 30) kein Virus mehr findet, das vermehrungsfähig wäre. Für die Begründung seiner Entscheidung beruft sich das portugiesische Gericht jedoch nicht auf das RKI. Das Gericht schreibt:

„Die Anzahl der Zyklen einer solchen Amplifikation führt zu einer mehr oder weniger großen Zuverlässigkeit solcher Tests. Das Problem ist, dass diese Verlässlichkeit in Bezug auf die wissenschaftlichen Beweise mehr als fragwürdig ist."

Deshalb greift das Gericht – wie es ausdrücklich sagt, auf das Wissen von Experten auf diesem Gebiet zurück. Es beruft sich unter anderem auf die Ergebnisse der Studie von Jaafar et al [2], welche Ende September 2020 im Oxford Academic Journal veröffentlicht wurde und von einer Gruppe durchgeführt wurde, die einige der größten europäischen und weltweiten Spezialisten auf diesem Gebiet zusammenbringt, so das Gericht.

**Das Gericht schreibt in seiner Urteilsverkündung:**

„Was sich aus diesen Studien ergibt ist einfach, ist einfach - die mögliche Zuverlässigkeit der durchgeführten PCR-Tests hängt von Anfang an von der Schwelle der Amplifikationszyklen ab die sie beinhalten, so dass bis zu einer Grenze von 25 Zyklen die Zuverlässigkeit des Tests bei etwa 70% liegt; wenn 30 Zyklen durchgeführt werden sinkt der Zuverlässigkeitsgrad auf 20%; wenn 35 Zyklen erreicht werden liegt der Zuverlässigkeitsgrad bei 3%."

**Und:**

**„Das bedeutet, dass bei einem positiven PCR-Test bei einer Zyklusschwelle von 35 oder höher (wie es in den meisten US-amerikanischen und europäischen Labors der Fall ist) die Wahrscheinlichkeit einer Infektion weniger als 3% beträgt. Die Wahrscheinlichkeit, dass eine Person ein falsches Positiv erhält liegt bei 97% oder höher".**

Das Gericht räumt ein, dass der Schwellenwert für die Zyklen der in Portugal verwendeten PCR-Tests unbekannt ist. Ähnlich unbekannt dürfte er in Italien sein.

Klarheit bringt jedoch ein Blick auf die Seiten von Find (Fundation for Innovative New Diagnostics), einem internationalen Diagnose-Labor mit Sitz in Genf, das mit der WHO zusammenarbeitet. Darauf findet man die Auswertung der durchschnittlichen Ct-Werte und der Zyklen-Schwellenwerte von 22 PCR-Präparaten, welche an den Universitätskliniken Genf (HUG) ausgewertet wurden [3].

**Bei allen Präparten liegt der Zyklen-Schwellenwert zwischen 38 und 40. Einige Präparate haben sogar gar keinen Schwellenwert, sprich jedes Signal kann als positives Signal gewertet werden. Der durchschnittliche effektive Ct-Wert liegt laut dieser Auswertung bei 35,33 – also genau in dem Bereich, in der bei einem positiven Testergebnis die Wahrscheinlichkeit einer effektiven Infektion gerade mal 3 Prozent beträgt.**

Das mag erschreckend klingen, wirklich überraschend ist es nicht. Es deckt sich mit den Äußerungen mehrerer renommierter Wissenschaftler wie Mike Yeadon, 16 Jahre lang Vizepräsident und medizinischer Forschungsleiter von Pfizer, dem zweitgrößten Pharmariesen der Welt oder von Stefano Scoglio, Kandidat für den Medizin-Nobelpreis 2018, die in den vergangenen Wochen und Monaten immer wieder auf die Problematik der PCR-Tests hingewiesen haben und davor gewarnt haben, dass der Großteil der Testergebnisse falsch sein könnte.

Wie ist das möglich? Eine Erklärung dafür könnte Kary Mullis geben. Der US-amerikanische Bio-Chemiker hat den PCR-Test erfunden und erhielt dafür 1993 den Nobelpreis. Er verstarb 2019 an einer Lungenentzündung. Aber in einem Video [4] das auf einer Podiumsdiskussion aufgenommen wurde - Ort und Zeit leider nicht bekannt - sagt Mullis über den PCR-Test:

**„Mit PCR - wenn man es gut macht - kann man fast alles in jedem finden...Das kann man als ein Missbrauch ansehen: Zu behaupten, dass es bedeutungsvoll ist... Eine winzige Menge von Irgendetwas zu nehmen, sie messbar zu machen und dann es so darzustellen als ob es wichtig wäre... Der Test sagt nicht**

**aus, ob man krank ist oder ob das, was "gefunden" wurde, dir wirklich schaden würde."**

Richtigerweise müsste man also sagen, dass der PCR-Test zwar richtige Ergebnisse liefert. Denn wenn er auf eine gewisse Art und Weise so konstruiert (Zyklusschwellen bis 40 oder drüber oder gar keine Schwellen), dann liefert er auch bei sehr kleinen Virenmengen positive Ergebnisse. Der Rückschluss, dass sich damit sagen ließe eine Person sei krank, infiziert oder ansteckend, ist falsch.

Das sieht auch das Gericht in Lissabon so und beruft sich dabei auf eine Studie von Surkova et al. [5], welche Ende September 2020 im The Lancet, Respiratory Medicine veröffentlicht wurde:

**„Einer der möglichen Gründe für die Vorlage positiver Ergebnisse könnte die anhaltende Freisetzung von viraler RNA sein von der bekannt ist, dass sie sich bei Personen, die zuvor SARS-CoV-2 ausgesetzt waren, über Wochen nach der Genesung erstreckt. Es gibt jedoch, und dies ist noch wichtiger, keinen wissenschaftlichen Beweis dafür, dass niedrige Konzentrationen von RT-PCR-Virus-RNA einer Infektion gleichwertig sind, es sei denn, das Vorhandensein infektiöser Viruspartikel wurde durch Labor-Kulturmethoden bestätigt."**

Es wäre also naheliegend und notwendig, dass der Südtiroler Sanitätsbetrieb den Zyklen-Schwellenwert der in Südtirol verwendeten PCR-Tests sowie die Ct-Werte der positiven Testergebnisse offenlegt, damit diese ausgewertet werden können.

Das Gerichtsurteil des Berufungsgerichtes Lissabon vom 11. November 2020 dürfte wohl ein so genannter Präzedenzfall werden, dem sich andere Gerichte in Europa anschließen dürften. Auf Sizilien ist bereits eine Sammelklage in 9 Städten angelaufen.

**Es dürfte in den kommenden Monaten spannend werden. Sind doch der PCR-Test und seine positiven Ergebnisse die Grundlage für das ganze Narrativ, das wir derzeit erleben. Fällt die Glaubwürdigkeit des PCR-Tests, fällt somit die gesamte Corona-Politik.**

# Lunge

## Aufgabe der Lunge

Die **Lunge** ist zuständig für die Aufnahme von Sauerstoff aus der Atemluft ins Blut und die Abgabe von Kohlendioxid aus dem Blut an die Luft, die ausgeatmet wird. Der Mensch hat zwei Lungen, die im Deutschen auch als Lungenflügel oder Lungenhälften bezeichnet werden. Die linke ist in zwei und die rechte in drei Lungenlappen unterteilt. Der Gasaustausch geschieht auf Ebene der Lungenbläschen, die als Endstrukturen verästelter Luftwege mit der Luftröhre verbunden sind. Durch Ein- und Ausatmen wird frische Luft an die Blut-Luft-Schranke herangeführt; dies ist keine Leistung der Lunge selbst, sondern des Zwerchfells und der Zwischenrippenmuskulatur [6].

### Funktion der Lunge einfach erklärt

Beim Einatmen weitet sich der Brustkorb, die **Lunge** dehnt sich aus und es strömt Luft ein. Beim Ausatmen zieht sich die **Lunge** wieder zusammen und Luft entweicht. Die Atembewegungen werden durch Muskeln erzeugt, vor allem durch das Zwerchfell und die Zwischenrippenmuskeln.

Gerade während der bereits seit 1 Jahr anhaltenden Corona-Pandemie ist die Lunge unter anderem unser höchstes Gut, auf welches wir sehr gut aufpassen dürfen, um gesund zu bleiben. Der Mund- und Nasenschutz erschwert vielen Menschen die Atmung, die Lungen und das Zwerchfell müssen sehr viel leisten [7].

# Mund- und Nasenschutz

## Corona-Pandemie: Mund- und Nasenschutz

**Die Coronakrise** verändert zunehmend das gewohnte Stadtbild. Immer mehr Menschen bedecken in der Öffentlichkeit Mund und Nase – es herrscht Maskenzwang. Maskenzwang und „harter Lockdown" bestimmen das Leben der Menschen auf diesem Planeten. In Deutschland herrscht Maskenpflicht in Bus und Bahn, Supermärkten, Apotheken, überall im Innen-Verkaufsbereich, an U-Bahnstationen und Bushaltestellen und vielen weiteren Bereichen unseres Lebens [7].

Seit dem 17. Januar 2021 gilt in vielen Bundesländern die Maskenpflicht für FFP2 Masken. Dies wurde am 12. Januar 2021 bekanntgegeben – zu kurzfristig? Und dies überhaupt rechtens vom Gesetz her? Der harte Lockdown wird bis vorerst 7. März 2021 verlängert oder etwa auch darüber hinaus [8]?

Das Tragen von Mund- und Nasenschutz ist für uns neu. Kaum jemand hat bisher Erfahrung mit der richtigen Anwendung, möglichen Einschränkungen oder etwaigen gesundheitlichen Nebenwirkungen.

## Was hält die Bevölkerung von den Impf-Maßnahmen?

**Der Impfstoff ist da, doch die Lust auf ihn schwindet. Seit Beginn der Corona-Krise im Frühjahr erhebt ein Team der Universität Erfurt die Meinung der Deutschen rund um die Pandemie. In einer der jüngsten Befragung ging es auch um das Thema Impfungen. Die Ergebnisse sind teils ernüchternd** [9]

Im Frühjahr war die Welt noch in Ordnung. Nein, war sie eigentlich kaum, denn das Coronavirus hatte Deutschland längst im Griff. Doch damals waren noch 79 Prozent der Menschen bereit, sich gegen das Virus impfen zu lassen. Nun, wo der erste Impfstoff zugelassen und den Menschen gespritzt wird, ist die Bereitschaft zur Impfung rapide gesunken. Nur noch 48 Prozent haben die Absicht, sich impfen zu lassen. Zu wenig, um eine Herdenimmunität zu erreichen. Zu wenig, um durch die Impfung den Weg aus den dauerhaften Corona-Beschränkungen zu finden.

Die Zahlen sind Ergebnisse aus einem der jüngsten Corona-Snapshots des Forscherteams um Cornelia Betsch von der Universität Erfurt. Seit dem Frühjahr befragen die Wissenschaftler in regelmäßigem Abstand die Deutschen zu ihren Meinungen rund um die Corona-Krise. So konnte sie im Sommer eine gewisse Müdigkeit der Deutschen in der Pandemie nachweisen. Und sie erkannte schnell, dass die Akzeptanz für bestimmte Maßnahmen abnahm, je länger die Pandemie dauerte.

Beim Impfen hat sie nun nachweisen können, dass die anfänglich hohe Bereitschaft der Deutschen kontinuierlich abnahm, je näher ein Impfstoff tatsächlich kam. Nur noch 48 Prozent würden sich wahrscheinlich gegen Covid-19 impfen lassen, ergab die jüngste

Umfrage. Und die entstand Mitte Dezember. Seitdem herrscht gefühlt Impf-Chaos in Deutschland. Und das dürfte der Bereitschaft zur Impfung kaum förderlich sein.

Die Impfbereitschaft ist laut Umfrage höher bei Personen, die Vertrauen in die Sicherheit der Impfung haben. Laut Betsch ist dies der wichtigste Faktor. Sie würden sich auch überwiegend weniger auf die Impfung anderer verlassen wollen, Impfen als Bürgerpflicht wahrnehmen und die der Überzeugung sind, dass schwere Impfnebenwirkungen durch den Staat versorgt und behandelt werden.

Ein weiteres Ergebnis: Männer sind eher bereit, sich impfen zu lassen als Frauen. Wohl auch, weil sie ein höheres Risiko für einen komplizierten Verlauf der COVID-Erkrankung haben. Hoch ist die Akzeptanz zudem bei Personen, in deren Familien Impfen praktisch schon immer üblich war.

Die Impfbereitschaft ist geringer für Personen, die Nutzen und Risiken der Impfung abwägen wollen oder glauben, dass Impfnebenwirkungen verheimlicht werden. Personen, die die Corona-Schutzmaßnahmen generell für übertrieben halten, haben auch eine geringere Impfbereitschaft.

Das Wissen über den Impfstofftyp beeinflusst die Impfbereitschaft derzeit kaum. 52 Prozent sehen die Impfung gegen Covid-19 vor allem als Vorbeugung einer eigenen Erkrankung, 24 Prozent sehen eine Impfung eher als Intervention, die die aktuellen Einschränkungen beseitigen könnte [9].

Hypothetische Maßnahmen zur Steigerung der Impfbereitschaft wurden ebenfalls abgefragt. Die Ergebnisse zeigen, dass ausschließlich umfassende Informationskampagnen und keine weiteren Anreizsysteme breit akzeptiert sind. Frühere Erhebungen zeigten gleichermaßen, dass eine finanzielle Belohnung auf die Impfbereitschaft keinen Einfluss hätte.

Betsch und ihr Team leiten folgende Empfehlungen aus den Umfrageergebnissen ab: Regelmäßige transparente Aufklärung über den Stand der Entwicklung und die Arten der neu entwickelten Impfstoffe können helfen das Vertrauen zu stärken. Eine Mobilisierung von Ressourcen, um aufkommende Fragen schnell beantworten zu können sei ratsam, um die Einführung eines Corona-Impfstoffs optimal vorzubereiten.


Die Impfung wird vor allem als Prävention angesehen und weniger als Intervention zur Beendigung der Pandemie. Benötigt werden aus Sicht der Wissenschaftler vor allem Informationen über klassische Medien und Ärzte. Doch gerade die Hausärzte wurden in der aktuellen Impfstrategie vernachlässigt. Und dies, obwohl sie der erste Ansprechpartner für Patienten sind [9].

# Sauerstoffmangel und mögliche Symptome beim Tragen von Mund- und Nasenschutz

( 10 )

- Kopfschmerzen

- Übelkeit

- Kurzatmigkeit

- Schwächegefühl

- Atemnot

- Schwindel

- Kreislaufstörungen

- Beschleunigte, tiefe Atmung

- Probleme bei Asthma, Allergien und Ermüdung

- Erschöpfung bereits bei geringer körperlicher Belastung

- respiratorische Azidose


Unter **Respiratorische Azidose** versteht man eine durch die Atmung (Respiration) verursachte Übersäuerung des Blutes (Abfall des Blut-pH-Wertes unter 7,35) [11].

# Alarmzeichen respiratorische Azidose
( 12 )

- Kopfschmerzen

- Schwindel

- Hautrötungen

- Muskelzuckungen

- Panik

- Krampfanfälle

- Bewusstseinsstörungen

- kardiale Extrasystolen.


**Extrasystolen** sind Herzschläge, die zusätzlich zum normalen Herzrhythmus auftreten. Oft spürt man sie in Form von „Herzstolpern" oder „Herzaussetzern". Sie sind meistens ungefährlich und müssen kaum behandelt werden. Manchmal sind sie Warnzeichen einer schweren Herzerkrankung [13] .

# Rasant wachsender Markt der Medizintechnik

## Was sind Wearables?

**Als Wearables werden kleine kompakte, vernetzte computerbasierte Hilfsgeräte genannt, die nahe am Körper oder am Körper getragen werden und so den Alltag des Trägers unterstützen sollen. Auf diese Art und Weise werden schnell und einfach hilfreiche, zuvor gemessene Daten bereitgestellt und auf einem Anzeigenfeld für den jeweiligen Träger bzw. Nutzer übersichtlich angezeigt.**

Immer mehr Menschen nutzen sie gerne zur weiteren Ergänzung oder zur Unterstützung in verschiedenen Bereichen der Gesundheit, Lifestyle, Fitness, Überwachung sowie in der Gesundheitsprävention - ohne den Begriff Wearable schon mal gehört zu haben. Für viele Menschen ist dies bereits selbstverständlich [14].

In den vergangenen Jahren ist der Absatzmarkt von Wearables rasant gestiegen. Immer mehr Menschen nutzen sie selbstverständlich ohne wirklich die Bezeichnung zu kennen oder schon einmal den Namen gehört zu haben. Wenn man bedenkt, dass sich im Jahr 2014 erst 28.8 Millionen Wearables im Einsatz befanden ist es umso interessanter festzustellen, dass der Absatzmarkt von Wearables im Jahr 2019 weltweit bereits ca. 337 Millionen betrug. Bis zum Jahr 2024 rechnet man sogar mit einem Anstieg von 527 Millionen Wearables weltweit. Viele Menschen greifen jetzt von ganz alleine auf diese kleinen und so wichtigen Helfer zu – besonders in unsicheren und schweren Zeiten wie der aktuellen Corona-Pandemie [14].

Der Markt für häusliche Medizintechnik und Fitness-Wearables wächst rasant. Die Nachfrage nach Geräten, mit denen sich die Herzfrequenz und der Sauerstoffgehalt des Blutes messen lassen wird in den nächsten Jahren weiter steigen. Pulsoxymeter sind aktuell mehr gefragt denn je [14].

# Das können Sie selbst tun

Was können wir in Zeiten der Corona-Pandemie selbst tun, um uns stabil und gesund zu erhalten? Ein gutes und sehr hilfreiches kleines Messgerät ist das Handgelenk Pulsoxymeter oder das Finger Pulsoxymeter. Was ist das denn? Im ersten Moment hört sich dies beim Lesen oder Hören bestimmt kompliziert und zu Beginn fremd an. Sie dürfen beruhigt sein: Die Anwendung des Handgelenk Pulsoxymeter oder des Finger Pulsoxymeter ist einfach und vor allem sehr leicht für jeden Laien anzuwenden.

In schweren Zeiten wie diesen der Corona-Pandemie fragen sich immer mehr  Menschen was sie selbst tun können, ohne diesem Wahnsinn ohnmächtig ausgeliefert zu sein. Ein stetig wachsender Markt ist hier der Markt der Medizintechnik  für zu Hause oder unterwegs. Gerade während der Pandemie können diese kleinen handlichen Helfer Gutes für uns tun.

### Pulsoxymeter Allgemein

Zur blitzschnellen Messung des Sauerstoffgehaltes im Blut per Durchleuchtung der Haut [15].

Pulsoxymeter (frei verkäuflich) sind als eigenständige Heimmedizingeräte erhältlich, als Funktion in einem Fitness-Tracker oder einer Smartwatch am Handgelenk integriert. Sie sind bedienungsfreundlich und das Ergebnis wie viel Sauerstoff sich gerade im Blut befindet erscheint in wenigen Sekunden auf dem Display.

Gerade beim **Tragen von Mund und Nasenschutz** möglich auftretender gefährlicher Sauerstoffmangel – wie bereits Eingangs beschrieben - können diese schnellen Messungen zur Vorsorge und Sicherheit dienen. Sie sind sehr leicht in ihrer Bedienung und haben ein großes Display [15]. Diese Messungen ersetzen keinen Arzt.

### Finger- und Handgelenk Pulsoxymeter unterstützen

Moderne Elektronikgeräte wie zum Beispiel die des Finger Pulsoxymeter oder Handgelenk Pulsoxymeter können dazu beitragen die Sauerstoffsättigung im Blut gerade jetzt während des Tragens von Mud- und Nasenschutz zur Vorsorge zu überwachen. Auch für Menschen mit einer Herzkrankheit oder Lungenkrankheiten wie Asthma oder COPD kann es sinnvoll sein, zusätzlich die Werte selbst zu überwachen [16].

Geräte die früher nur in Krankenhäusern zum Einsatz kamen finden sich heute in vielen Haushalten, vor allem jetzt während der Corona-Pandemie. Gerade während dem Tragen des Mund- und Nasenschutzes eine gute, leichte und schnelle Vorsorge und Überwachung. Und genau diese kleinen, leichten und sehr bedienungsfreundlichen Geräte sind es, die uns in schweren und unsicheren Zeiten wie diesen der Coronakrise sehr hilfreich sein können – nur kaum jemand weiß dies.

## Pulsoxymeter: Pulsmesser und Oxymeter in einem

Der Name kommt aus dem Englischen: Pulse oxymetry. Die deutschen Wissenschaftler haben das „y" beibehalten und nennen das Messverfahren Pulsoxymetrie. Der Begriff setzt sich zusammen aus Puls, Oxygen (Sauerstoff) und dem Suffix-Metrie für Messung. Mit einem Pulsoxymeter werden also der Herzschlag und die Sauerstoffsättigung gemessen.

**Oxymetrie** ist also die Messung der Sauerstoffsättigung im Blut und wird meist als Prozentwert angegeben. Ein Pulsoxymeter ist ein nicht invasives Gerät, das den Sauerstoffgehalt im Blut und die Herzfrequenz einer Person misst. Die Geräte lassen sich durch ihre Klemme leicht erkennen, die zum Beispiel am Finger angebracht sind. Das Pulsoxymeter misst und überwacht [17].

### Hinweis

Wenn Sie nur die Herzfrequenz messen möchten, wird kein Oxymeter benötigt. Diese Funktion erfüllen ebenso Blutdruckmessgeräte [18].

## Pulsoxymeter misst Sauerstoffgehalt

Die Messung der **Sauerstoffsättigung** per Oxymeter ist ein photometrisches Verfahren, das die Helligkeit des Blutes misst. Je höher der Sauerstoffgehalt, desto heller erscheint das Rot des Blutfarbstoffs Hämoglobin. Bei der Messung senden zwei Leuchtdioden Licht unterschiedlicher Wellenlänge durch ein Ohrläppchen oder einen Finger. Auf der gegenüberliegenden Seite erfasst eine Fotodiode die Intensität der beiden ankommenden Lichtstrahlen. Aus diesen beiden Werten errechnet das Oxymeter den prozentualen Anteil an sauerstoffreichem Hämoglobin.

Die menschlichen Körperzellen, Organe und Muskeln – benötigen Energie, damit sie ihrer Funktion gerecht werden. Diese erhalten sie aus Zucker, Kohlenhydraten (Speicherzucker im Gewebe) und Fetten. Um die Nährstoffe optimal verwerten zu können, bedarf es einer „kontrollierten Verbrennung" in den Zellen. Dafür ist der Sauerstoff zuständig. Mit Hilfe von Sauerstoff kann ein Vielfaches an Energie produziert werden. Bestimmte Organe können nur mit Hilfe von Sauerstoff Energie bereitstellen – so vor allem das Gehirn, dann folgt das Herz [19].

Wenn Sie oft unterwegs sind in öffentlichen Verkehrsmitteln, an der Arbeit, in der Schule also immer dort wo Sie aktuell Mund- und Nasenschutz tragen müssen, können Sie mit dem kleinen handlichen Pulsoxymeter Ihren Sauerstoffgehalt im Blut selbst messen und überwachen.

## Pulsoxymeter von Standard bis Premium

Alle Basismodelle zeigen die relevanten Werte an. Je nach Anspruch (und Geldbeutel) können folgende Zusatznutzen interessant sein [19] :

- **Grafische Pulsanzeige** – ähnlich wie auf einem mobilen EKG-Gerät
- **Zuschaltbarer Pulston** zur akustischen Wahrnehmung des Herzschlags
- **OLED-Anzeige** statt LED: Organische LEDs bieten ein „schärferes" Bild (verbrauchen jedoch mehr Energie!)
- **Aufzeichnungsfunktion** zur Speicherung der letzten Messungen im Gerät
- **Software** zur detaillierten Darstellung auf dem PC
- **USB-Kabel** zum Übertragen der Messwerte auf PC und Laptop
- **Akku** statt Batterien, aufladbar über den USB-Port des Computers
- **Bluetooth** zur kabellosen Übertragung der Daten auf ein Smartphone oder Tablet für Senioren
- **Wasserdichtes Gehäuse**, bei der Unterwegs-Nutzung oft sehr vorteilhaft.

Senioren, die sich in technischen Dingen weniger auskennen, sind mit einem Standardmodell bestens beraten. Schließlich erfüllt auch dieses seinen Zweck. Die Kosten liegen hierfür bei Geräten von Beurer, Medisana und Sanitas um 45 bis 60 Euro, für Bluetooth-Pulsoxymeter um 80 bis 100 Euro. Für grafische Darstellungen etc. ist mit einem weiteren Plus zu rechnen.

Das kleine Finger Pulsoxymeter passt bequem in jede Handtasche oder Rucksack und das Handgelenk Pulsoxymeter tragen Sie an Ihrem Handgelenk – also noch einfacher. So kann der Sauerstoffgehalt im Blut jederzeit und an jedem Ort SELBST gemessen und überprüft werden.

**Hinweise** [20]

- Nagellack und künstliche Fingernägel aus Acryl führen in Abhängigkeit vom Pulsoximeter zu Messfehlern

- Nagellack oder anderes Make-up entfernen

- Nagelpilz kann das Ergebnis verfälschen

- Fingernägel dürfen nicht zu lang sein

- Erschütterungen sind während der Messung unbedingt zu vermeiden

- benutzen Sie das Gerät nie an Ödemen, auf

- Wunden oder an Stellen mit Hautirritationen

## Handgelenk Pulsoxymeter

Das **Handgelenk Pulsoxymeter** ist an einem leichten Band für das Handgelenk angebracht. Hiermit können Erwachsene Ihre Sauerstoffsättigung im Blut und Ihre Herzfrequenz angenehm messen, anzeigen lassen und speichern. So ist eine tägliche Überwachungs-Messung und Langzeitbeobachtung mittels des Handgelenk Pulsoxymeter auch während des Tragens von Mund und Nasenschutz ideal. Da das Handgelenk Pulsoxymeter bequem am Handgelenk sitzt, können Sie sich ganz normal bewegen, wie Sie dies sonst auch tun [21].

### Handgelenk Pulsoxymeter

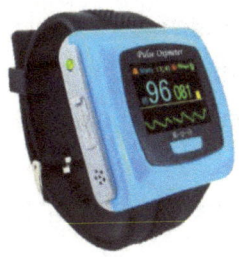

https://de.cleanpng.com/png-bh1xw4/download-png.html

# Finger Pulsoxymeter

Das Gleiche gilt für das **Finger Pulsoxymeter**, welches Sie an einer Klemme am Finger erkennen können. Die Anwendung ist kinderleicht und eine sekundenschnelle Messung des Sauerstoffgehaltes im Blut ist zu jeder Zeit möglich. Dies gibt Sicherheit. Wie bereits beschrieben überwachen Pulsoxymeter die Sauerstoffsättigung ($S_PO_2$) im Blut durch die Absorption des Rotlichts im sauerstoffangereicherten Hämoglobin ($HbO_2$) und im sauerstoffarmen Hämoglobin ($Hb$). Dabei wird Rotlicht und Infrarot-Licht abwechselnd durch ein Körperteil (zum Beispiel Finger) an eine Fotodiode gesendet oder: Das Pulsoxymeter verwendet zur Messung zwei Lichtstrahlen unterschiedlicher Wellenlängen, die im Gehäuseinneren auf den eingelegten Finger treffen und bei der Messung ins Verhältnis gesetzt werden. Daraufhin wird die arterielle Sauerstoffsättigung ausgerechnet und übersichtlich auf dem Pulsoxymeter angezeigt. Zur blitzschnellen Messung des Sauerstoffgehaltes im Blut per Durchleuchtung der Haut [22].

**Finger Pulsoxymeter**

https://de.cleanpng.com/png-zlg8zv/

Gleichzeitig erfolgt die Messung der **Pulsfrequenz**. Sie ist sozusagen ein Nebeneffekt, denn die Ermittlung der Sauerstoffsättigung erfolgt über den Blutfluss, der durch die Pumpleistung des Herzens entsteht.

Je nachdem welche Messwerte sich zeigen, können Sie Ihren Mund- und Nasenschutz abnehmen und eine Pause machen bis sich die Sauerstoffwerte wieder im positiven Bereich befinden. Das Abnehmen von Mund- und Nasenschutz natürlich nur dort, wo keine Maskenpflicht besteht.

**Wie werden Pulsoxymeter angewendet?**

Pulsoxymeter garantieren bei richtiger Anwendung eine hohe Messgenauigkeit. Die Abweichung liegt dann in der Regel bei maximal 2 %. Dafür muss der Finger beim Aufstecken des kleinen Geräts mittig in der Fingermulde liegen. Die Leuchtdioden sitzen im oberen Geräteteil, die Fotodiode im unteren. Nach wenigen Sekunden erscheinen die Werte im Display. Der Vorgang ist völlig schmerzfrei, die Lichtstrahlung absolut unbedenklich. Auch aufgrund der einfachen Handhabung ist ein Finger Pulsoxymeter für jeden medizinischen Laien geeignet [22].

**Hinweise** [23]

- Nagellack und künstliche Fingernägel aus Acryl führen in Abhängigkeit vom Pulsoxymeter zu Messfehlern

- Nagellack oder anderes Make-up entfernen

- Nagelpilz kann das Ergebnis verfälschen

- Fingernägel dürfen nicht zu lang sein

- Erschütterungen sind während der Messung unbedingt zu vermeiden

- benutzen Sie das Gerät nie an Ödemen, auf

- Wunden oder an Stellen mit Hautirritationen

- Die Anwendung ist zu keiner Zeit für Behandlungen gedacht und ersetzt keinen Arzt oder die ärztliche bzw. klinische Einschätzung.

- Pulsoxymeter sind kein Bestandteil des Hilfsmittelverzeichnis der gesetzlichen Krankenversicherung und daher keine erstattungsfähigen Hilfsmittel.

**Schmerzen in der Brust – Sauerstoffmangel ?**

Die Sauerstoffsättigung des Blutes liegt im Normalbereich zwischen 94 bis 98 Prozent. Bei einem geringeren Wert spricht man von Sauerstoffmangel im Blut (Hypoxämie). Das kann sich unter anderem durch Schwächegefühl, Schwindel und allgemeines Unwohlsein bemerkbar machen. Je nach Dauer des Zustandes werden Atmung und Puls beschleunigt. Es kann bei Betroffenen zu Kurzatmigkeit bereits bei geringer Belastung, Schmerzen in der Brust, Zittern, Schweißausbrüche, abwechselndem Hitze- und Kältegefühl sowie einer veränderten Wahrnehmung, bis hin zu Bewusstlosigkeit kommen. Häufig sind die Symptome recht diffus und unspezifisch. Um Organschäden durch längerfristige Sauerstoffunterversorgung vorzubeugen, empfiehlt sich eine rasche ärztliche Abklärung der Beschwerden. Bestimmte Organe können nur mit Hilfe von Sauerstoff Energie bereitstellen – so vor allem das Gehirn, dann folgt das Herz. Bei älteren Menschen können auch die Werte um 90 % in Ordnung sein [24].

## Messergebnis Sauerstoffsättigung SpO$_2$ in % [25]

| | |
|---|---|
| 98 – 94 | normal |
| 93 – 90 | erniedrigter Bereich: Arztbesuch empfohlen |
| < 90 | kritischer Bereich: Dringend Arzt aufsuchen |

## Wann wird Sauerstoffsättigung kritisch?

Wie Sie aus der obigen Tabelle entnehmen können ist ein Messwert 90 und darunter als kritisch zu bewerten. Hier bitte umgehend einen Arzt aufsuchen [26]!

**Hinweise**

- Die aufgeführte Tabelle zur Beurteilung Ihres Messergebnisses gilt **NICHT** für Personen mit bestimmten Vorerkrankungen (z.B. Asthma, Herzinsuffizienz, Atemwegserkrankungen usw.) und bei Aufenthalten in Höhenlagen über 1500 Metern.

- Wenn Sie unter Vorerkrankungen leiden, wenden Sie sich zur Beurteilung Ihrer Messwerte immer an Ihren Arzt.

# Frühzeitige Symptomerkennung bei Infektionen

Eine Studie des Rockefeller Neuroscience Instituts der West Virginia University nutzt eine spezielle Ring-Technologie in Kombination mit einer COVID-19-Überwachungs-App, welche die Früherkennung der Symptome beschleunigen und potenziell infizierte medizinische Fachkräfte identifizieren soll. Bei dieser Technologie findet eine ganzheitliche Betrachtung statt. Sie berücksichtigt erhöhte Temperaturen und betrachtet außerdem psychologisch-kognitive Auffälligkeiten wie Müdigkeit, Stress und Angst. Der aktuellen Untersuchung nach gibt diese Methode bereits 24 Stunden vor Auftreten der ersten Symptome Hinweise auf eine mögliche Infektion [27 - 30].

# Beta Glucan

In Zeiten erhöhter Belastungen wie dies aktuell durch die Corona-Pandemie gegeben ist, ist es besonders wichtig einen achtsamen Lebensstil zu pflegen, um den Körper widerstandsfähig und gesund zu halten. Mit der Einnahme von Beta Glucane unterstützen Sie Ihr Immunsystem optimal präventiv [31].

## Besseres Immunsystem mit Beta Glucan

[31]

- Sie ähneln den Zellwänden von Bakterien und aktivieren so die Rezeptoren des menschlichen Frühwarnsystems gegen Bakterien
- bei Immunschwäche verschiedener Ursache
- Infektionsvorbeugend, u.a. bei Grippe, Herpes, Pilzbefall
- ab einem Alter von 40 Jahren, wenn die Funktionsfähigkeit des Immunsystems langsam nachlässt
- sie fördern das Wachstum bestimmter menschlicher Darmbakterien
- sie erhöhen die Leistungsfähigkeit des Immunsystems indem sie entzündungshemmend wirken können, bei Allergien (immunmodulierend) und bei Hautirritationen helfen
- sie fördern die Fettverdauung - Gewichtsregulation
- entzündliche oder chronische Darmerkrankung
- hat geholfen Cholesterin und Triglyzeride zu senken. Sie gehören zu den Blutfetten. Erhöhte Triglyzerid-Werte sind ein Risikofaktor für Herz-Kreislauf-Erkrankungen

Unser Immunsystem verfügt über verschiedene Methoden, Infektionen zu bekämpfen die wie Bakterien, Viren und Pilze hervorgerufen werden. Die erste Verteidigungslinie sind unsere Makrophagen. Sie sind Fresszellen, die in der Biologie auch Makrophagen genannt werden. Sie haben die Aufgabe in den Körper eingedrungene Erreger wie Bakterien, Viren oder Toxine zu vernichten. Nur das Problem ist, dass viele unserer Makrophagen und andere wichtige Zellen „schlafen" das bedeutet sie sind inaktiv [31].

Dies hat zur Folge, dass Bakterien, Viren und Parasiten unseren Körper bereits befallen haben bevor eine Abwehrreaktion erfolgen kann. Glücklicherweise hat unser Immunsystem im Laufe der Evolution einige verlässliche Alarmsignale entwickelt, die unsere Abwehrkräfte mobilisieren. Eines der ältesten ist der Hauptbestandteil von BETA GLUCAN.

Die positive Auswirkung von Beta Glucan auf die Fresszellen und andere Immunzellen schafft eine „Armee von Verteidigungswaffen". Dies wiederum führt zu einer enormen Stärkung unserer Abwehrkräfte [31].

Doch auch organischer Schwefel kann sich auf unseren Körper und auf unsere Gesundheit positiv auswirken.

# Organischer Schwefel

## Was ist MSM?

**MSM (Methylsulfonylmethan)** ist eine **organische Schwefel-verbindung,** die dem Körper das Element **Schwefel** zuführt. Als Bestandteil der Aminosäuren Cystein und Methionin, sorgt MSM dafür, dass der Körper mit wichtigen Proteinen versorgt wird, die nahezu für alle Stoffwechselfunktionen erforderlich sind.

**Schwefel** stellt einen essentiellen Nährstoff für uns Menschen dar, ohne den wir in große Schwierigkeiten geraten können: Schwefel ist intra- und interzellulär an zahlreichen essentiellen Stoffwechselvorgängen beteiligt.

**MSM** ist eine organische Schwefelverbindung, weiß und in Kristallform. Er ist mit Kohlenstoff und Sauerstoff verbunden. Das lebenswichtige Mineral versorgt vor allem die Muskelpartien des Körpers, das Skelett und die Haut. Ein Mangel an MSM zeigt sich in geringer Stressresistenz, depressiven Verstimmungen und Müdigkeit. MSM bindet als starkes Antioxidans freie Radikale, die durch emotionalen und körperlichen Stress, eine ungesunde Lebensführung, sowie eine kontraproduktive Ernährung entstehen können [32].

## Mögliche Symptome für einen Mangel [33]

- stumpfes Harr
- spröde Fingernägel
- Müdigkeit
- Leber- und Gelenkprobleme
- grauer Star
- Antriebslosigkeit
- Energielosigkeit
- Verdauungsprobleme
- Schlaflosigkeit

# MSM – Vorteile für den menschlichen Körper [33]

## Immunsystem

- kann entzündungshemmend wirken
- kann bei Heuschnupfen, Nahrungsmittelallergien und
- Allergien gegen Hausstaub helfen
- kann die Widerstandfähigkeit gegen Erkältungen fördern.

## Herzkreislaufsystem

- Herzkreislaufsystem
- kann die Blutzirkulation verbessern
- kann die Blutversorgung erhöhen.

## Haut, Haar & Nägel

- bekämpft altersbedingte Hautfalten
- Schutz vor Akne
- trockene Haut
- für Wachstum von Haar und Nägel
- kann die Hautelastizität verbessern
- kann das Heilen kleiner Wunden beschleunigen
- kann die Heilung von Narbengewerbe stärken.

**Verdauung**

- fördert die Darmaktivität
- kann bei Verdauungsproblemen wie Sodbrennen
- oder Blähungen helfen
- kann die Darmschleimhaut stärken
- Schutz vor dem Eindringen von Parasiten
- kann gegen Pilze helfen
- kann die Regulation der Magensäureproduktion verbessern.

**Nervensystem**

- kann bei Problemen mit Migräne helfen
- kann Nervenschmerzen lindern
- kann die „Aufgewecktheit" verbessern
- kann die Konzentration fördern
- kann gegen Stresssymptome wirken.

**Stoffwechsel**

- kann die Darmaktivität fördern
- kann bei Verdauungsproblemen helfen
- hat geholfen die Darmschleimhaut zu schützen
- kann vor dem Eindringen von Parasiten schützen
- hat gegen Pilze geholfen.

Es klingt vielleicht nach wenig nur unser Körper enthält fünfmal mehr Schwefel als Magnesium und vierzigmal mehr als Eisen. Wie wichtig es ist täglich ausreichend Magnesium und Eisen zu sich zu nehmen, wissen die meisten. Doch um den bis zu **vierzigmal wichtigeren Schwefel** kümmern sich die wenigsten.

- Da 90% des Schwefels in unserer Nahrung durch **Erhitzen** zerstört wird leidet jeder, der sich kaum täglich durch Rohkost ernährt an **Schwefelmangel** - mit weitreichenden gesundheitlichen Folgen [33].

**MSM für eine gesunde Verdauung**

Sie haben es sicher in den Medien schon oft gehört, welchen wichtigen Einfluss Darm und Verdauung auf den menschlichen Körper haben. Mit dem Einsatz von **MSM** wird der Bildung von Pilzen sowie Blähungen und Sodbrennen aktiv vorgebeugt und die Ansiedlung von Parasiten erschwert! Weiterhin wird zudem die Nährstoffaufnahme unterstützt. Jeder hat es schon mal selbst erlebt - vor allem bei zu starker Aufnahme von Ballaststoffen oder Fett: Ein voller Darm ist auf Dauer ungesund! Christian Wenzel (mr.broccoli) in Zusammenarbeit mit herbano.com

Eine **schnelle und gesunde Verdauung** hingegen fühlt sich viel freier, vitaler und unbeschwerter an, oder? [33]

## MSM entgiftet

Unsere Haut, Haare und das Bindegewebe erhalten ihre Struktur und Elastizität durch Keratin und Kollagen, an deren Bildung **MSM** ebenfalls beteiligt ist. Gleichzeitig sichert **MSM** die Durchlässigkeit von Zellmembranen, so dass die Aufnahme von Sauerstoff, Vitaminen und Nährstoffen in die Zellen und die **Ausleitung** von Stoffwechselendprodukten und Giften aus den Zellen - einschließlich der Nervenzellen- gefördert werden kann [34].

## MSM – Tipps zur richtigen Anwendung

MSM Organischer Schwefel gibt es unter anderem in Form von Tabletten, Pulver und Nahrungsergänzungsmitteln. Eine optimierte Ernährung kann Gutes bewirken. Eiweißhaltige Lebensmittel wie Fisch, Muscheln, Parmesan, Eier, Joghurt, Quark, Nüsse, Bärlauch, Knoblauch, Senf, Zwiebeln, Nüsse und Raps fördern die Bildung von organischem Schwefel. Die schwefelhaltigen Nahrungsmittel haben eine günstige Wirkung auf den Stoffwechsel und somit auf die Problemzonen an Hüfte und Taille. Wer abnehmen will, sollte es also einmal mit einem Reduktionsprogramm begleitet von organischem Schwefel versuchen [35].

Um den Geschmack des „faden" Schwefels zu verbessern, können Sie **MSM** beispielsweise in Wasser auflösen und etwas O-Saft hinzugeben. Ideal kombinierbar ist es mit Vitamin C, da dieses – Sie werden es sofort merken – die **MSM-Wirkung** nachhaltig intensiviert! [35].

**Am besten Sie nehmen es mit natürlichen Lebensmitteln zu sich. Hier eine Tabelle von Lebensmitteln mit einem hohen Anteil an Schwefel:**

**Schwefel in Lebensmitteln (Angabe jeweils in mg)**
( 35 )

- Erdnuss: 395
- Zander: 281
- Rotbarsch: 261
- Kabeljau: 252
- Haferflocken: 199
- Brokkoli: 124
- Grünkohl: 87
- Rosenkohl: 79
- Rotkohl: 62
- Zwiebeln: 52

**Regelmäßige Anwendung für ein sexy Aussehen**

**Schwefel** kann Ihre körperliche Figur und Attraktivität steigern. denn die regelmäßige **Schwefelzufuhr** wirkt sich positiv auf die Haut aus bzw. lässt diese geschmeidig werden. Darüber hinaus kräftigt Schwefel das Haar und fördert auch die Ausbildung der Fingernägel!

MSM kann die Produktion von körpereigenem Kollagen anregen. Es hilft die Haut elastischer werden zu lassen und unterstützt bei der Heilung von Narbengewebe [ 36- 38 ] .

# MSM - Studie

## Einsatz in der Komplementärmedizin

Die Forscher schlussfolgern, dass MSM Schmerzen ohne nennenswerte Nebenwirkungen lindern kann und die körperliche Funktionsfähigkeit steigert. Während der Studie konnte auch festgestellt werden, dass die Einnahme von MSM zu einer signifikanten Senkung des Histamin Spiegel im Blut geführt hat [39-55].

Immer mehr hierzulande noch weitereichend unbekannte präventive „Gesundhalter" sind auf dem Vormarsch.

Es gibt viele verschiedene natürlich in der Natur vorkommende Substanzen zur unterstützenden Balance des menschlichen Körpers – unter anderem auch Mumijo [56].

# Mumijo

## Die Heilwirkungen von Mumijo

Seit Mitte des 20. Jahrhunderts erschienen immer mehr wissenschaftliche Studien – zumeist aus der damaligen Sowjetunion oder Indien – die sich den Heilwirkungen des Mumijo widmeten und Erstaunliches feststellten.

Mumijo ist ein hell- bis dunkelbrauner, je nach Gehalt ein pulverförmiges bis zähviskoses, asphaltartiges Naturprodukt mit arttypischem, harzig-rauchigem Geruch.

Mumijo entgiftet und heilt Magen und Darm. Im Journal of Ethnopharmacology erschien im April 1990 eine indische Studie die bestätigte, dass Mumijo aufgrund seiner antientzündlichen Wirkung Arthritis und Ödeme bessere und außerdem bei Magengeschwüren heilend wirke, da dies wohl die Magenschleimhaut stärke [57–60].

## Schnellere Genesung mit Hilfe von Mumijo

Sowjetische Sportmediziner berichteten ferner von einer zunehmenden Muskelmasse, mehr Kraft und Ausdauer bei Sportlern, von einer schnelleren Genesung nach Verletzungen inkl. Knochenbrüchen, wenn Betroffene eine Mumijo-Kur durchgeführt hatten. In einer Studie in den 1960er Jahren zeigte sich, dass die zweimal tägliche Gabe von 200 – 300 mg Mumijo über 30 Tage hinweg die

Heilung von Knochenbrüchen deutlich beschleunigte. Die Knochen Kallusbildung trat in der Mumijo-Gruppe durchschnittlich 14 Tage eher ein. Der Gehalt an natürlichem Strontium soll ein maßgeblicher Grund für diese Wirkung sein, denn Strontium aktiviert die Mineralisierung des Knochens, weshalb Mumijo auch in der Schulmedizin gelegentlich bei Osteoporose gegeben wird [61-65].

Es ist mittlerweile bekannt, dass der Alterungsprozess unter anderem auf einer Abnahme der Immunsystemfunktionen zurückzuführen ist [66].

Auch Stress und starke physische Beanspruchung haben diese negativen Wirkungen. Weiter ist auch bewiesen, dass gerade Sportler nach Zeiten starker körperlicher Beanspruchung häufig an Erkältungen erkranken, weil ihr Immunsystem geschwächt wurde.

Ebenso ist dies auch bei Menschen zu beobachten, die unter physischem oder emotionalem Stress leiden oder bei Menschen mit stressabhängigen Krankheiten wie Herzerkrankungen und bei Krebs [67].

# Corona-Alltag – Tipps für eine bessere Atmung

( 68 )

1. Achten Sie darauf, dass Ihre Körperhaltung aufrecht ist: Wenn Sie nach vorne gebeugt sitzen, ist tiefes, richtiges Atmen kaum mehr möglich, weil so das Zwerchfell und die Bauchmuskeln blockiert sind.
2. Am besten Sie tragen lockere, bequeme Kleidung und meiden Hosen, die Ihnen das Atmen erschweren.
3.
4. Regelmäßiges Lüften ob zuhause oder im Büro tut gut, wie auch viel Bewegung an der frischen Luft.
5. Atemzüge zählen, wann immer Sie daran denken – ob in der Bahn, im Haushalt, an der Arbeit, im Zug oder vor dem Schlafgehen, vielleicht machen Sie ein kleines Ritual daraus. Denn bereits nach kurzer Zeit wird Ihnen auffallen, dass sich Ihre Atmung merklich verbessert hat.
6. Versuchen Sie bewusst zu atmen, denn eine bewusste Atmung sorgt schneller für Entspannung – lächeln Sie.
7. Sport in Gruppen und im Allgemeinen hilft Ihnen Ihre Atmung noch besser zu verstehen und wahrzunehmen: Während zum Beispiel Kraftsport unsere Bauchmuskulatur stärkt, wird unsere Atmung beim Ausdauersport, wie Joggen und Radfahren, trainiert.

## Bienen Summ-Atmung

Die Übung „**Bienensummen**" kommt ursprünglich aus dem Yoga. Dort nennt man sie Bhramarin. Summen Sie beim Ausatmen mit geschlossenen Lippen wie eine Biene. Die Vibration in den Resonanzräumen von Nacken, Brust und Kopf sorgt für eine bessere Durchblutung und für Entspannung von Körper und Geist [68].

**So geht's:**

**1**. Setzen Sie sich aufrecht hin.

**2**. Verschließen Sie beide Ohren mit den Daumen. Die restlichen Finger können den Kopf sanft und bequem umschließen.

**3**. Beobachten Sie Ihren Atem für einige Atemzüge, hebt sich Ihr Bauch, Ihre Brust, Ihr Zwerchfell? Wie atmen Sie?

**4**. Summen Sie anschließend beim Ausatmen wie eine Biene. Dabei lassen Sie Ihre Lippen vibrieren. Damit dies leichter fällt, einfach den Bauch ein kleines bisschen anspannen und mit ganz leichtem Druck die Luft nach oben durch die Lippen ausatmend vibrieren lassen.

**5**. Summen Sie mehrere Male und spüren Sie danach, wie sich Körper und Geist anfühlen. Es sollte ein angenehmes Gefühl sein.

## Wirkung [68]

- beruhigt Körper und Geist

- lindert innere Unruhe

- erzeugt Freude im Herzen

- ist hilfreich bei Schlafstörungen

- fördert die Vertiefung des Atems

- verbessert den Atemfluss

In unserem Körper - oder besser beschrieben zwischen unseren beiden Augenbrauen – liegt unsere so lebenswichtige kleine Zirbeldrüse. Haben Sie diesen Namen schon einmal gehört – nein? Lesen auf den folgenden Seiten, wie wichtig die Zirbeldrüse für uns Menschen ist und warum dies so ist.

# Das Wunderwerk Zirbeldrüse

## Wunderwerk der Zirbeldrüse in Zeiten von Corona

Eine gereinigte und aktivierte Zirbeldrüse (Epiphyse) stärkt das Immunsystem und verbindet sie mit Ihrem höheren Selbst. So sind Sie in der Lage im gegenwärtigen Moment, zur richtigen Zeit, die richtigen Entscheidungen zu treffen. Sie ermöglicht es Ihnen, sich mit Ihrem höheren Bewusstsein zu verbinden. Die Zirbeldrüse ist mit dem *ICH BIN* und den höchsten Ebenen des Bewusstseins verbunden. Sie steht für die innere Stimme, der spirituellen Suche. Sie nimmt alles auf, was mit den Wahrnehmungen der Erde zu tun hat und bringt diese in Kontakt mit den inneren Erfahrungen.

Es wird vermutet, dass die Zirbeldrüse der "Hauptsitz der Seele" sei. Sie haben wahrscheinlich schon gehört, dass diese Drüse das "dritte Auge" ist, ein mystischer Chakra-Punkt, der genau in der Mitte Ihrer Augenbrauen liegt. Das kleine, zapfenförmige endokrine Organ, das als Zirbeldrüse bekannt ist, sitzt allein in der Mitte des Gehirns und auf Augenhöhe.

Haben Sie Probleme beim Meditieren oder der Erinnerung an Ihre Träume oder einfach nur das Gefühl von verloren sein und fehlt Ihnen die spontane Lebensfreude? Das Problem kann eine Schädigung, eine blockierte oder verkalkte Zirbeldrüse sein.

Melatonin und Serotonin sind verantwortlich für den Schlaf, für meditative und emotionale Zustände von Wohlbefinden, Glück und Euphorie [69].

## Zirbeldrüse regelt den Schlaf-Wach-Rhythmus

Wie Sie sich jeden Tag fühlen und wie Sie etwas wahrnehmen hängt hauptsächlich von der Zirbeldrüse ab. Das Hormon Melatonin bestimmt die Qualität, die Dauer Ihres Schlafes und wie gut dieses Hormon produziert wird. Dieses kleine Organ reguliert die täglichen und saisonalen zirkadianen Rhythmen, die Schlaf-Wach-Muster, die den Hormonspiegel, Stress und die körperliche Leistungsfähigkeit bestimmen. Das sind die bekannten Eigenschaften. Es gibt noch eine Reihe weiterer Funktionen, die noch völlig unerforscht sind. Vieles steht im Zusammenhang von Bewusstsein und Bewusstwerdung [70-72].

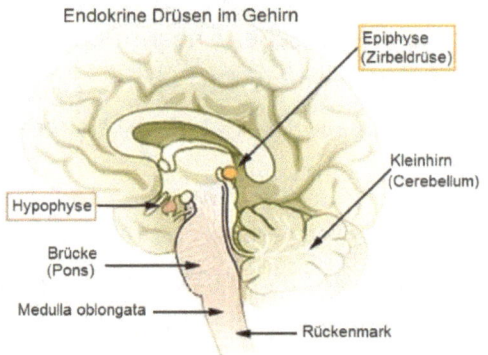

https://de.wikipedia.org/wiki/Zirbeldr%C3%BCse

# Was die Zirbeldrüse aufblühen lässt

( 73 )

## 1. Sonnenlicht

Jede Art von Lichteinwirkung - direkt oder indirekt - aktiviert die Zirbeldrüse und veranlasst sie Serotonin zu produzieren; jener Neurotransmitter, der für Stimmung und Energie verantwortlich ist. Aus diesem Grund ist es wichtig, Licht zu vermeiden nachdem die Sonne untergegangen ist, um Melatonin zu produzieren und Serotonin zu unterdrücken. Dieser Prozess kann nur erreicht werden, indem Licht von Bildschirmen und Glühbirnen so weit wie möglich reduziert wird.

## 2. Meditation

Die Zirbeldrüse reagiert auf bioelektrische Signale von Hell und Dunkel - Meditation aktiviert diese bioelektrische Energie.

Probieren Sie doch mal eine geführte Meditation aus, die speziell auf die Aktivierung und Entgiftung Ihrer Zirbeldrüse ausgerichtet ist. Selbstverständlich können Sie auch alleine und in Ruhe meditieren - für Anfänger ist eine geführte Meditation jedoch empfehlenswert.

## 3. Ohne Licht Schlafen

Bei Sonnenlicht produziert das Gehirn Serotonin, ein Glückshormon. Dieses wandelt die Zirbeldrüse in der Nacht in das Schlafhormon Melatonin um. Am Tag sollten Sie demnach möglichst lange natürlichem Tageslicht ausgesetzt sein.

In der Nacht ist komplette Dunkelheit wohl am besten, da die Zirbeldrüse nur in der Dunkelheit Melatonin produziert. Vermeiden Sie so gut wie möglich künstliches Licht am Abend und schlafen Sie in kompletter Dunkelheit. Stecken Sie sämtliche Geräte aus, die auch im ausgeschalteten Zustand z.B. ein kleines Lämpchen haben. Verdunkeln Sie das Fenster am besten mit einer Jalousie und schalten auch sonst jede Lichtquelle im Schlafzimmer ab. Wenn die Hand vor Augen kaum mehr zu sehen ist, arbeitet die Zirbeldrüse am Optimalsten. Eine Schlafmaske ist weniger ausreichend, da auch unsere Haut lichtempfindliche Rezeptoren besitzt.

Stellen Sie sicher, dass hinterleuchtete Geräte wie Telefone, Computermonitore oder Fernseher direkt vor dem Schlafengehen gemieden werden. Die Beleuchtung dieser Geräte stimuliert die Produktion von Serotonin und bringt die Zirbeldrüse dazu zu denken, dass es Tag ist, welches den Wach- Schlafzyklus verwirren kann.

## 4. Traumata verarbeiten

Wichtig ist es Traumata zu verarbeiten, ohne diese zu verdrängen.

## 5. Fluorid unbedingt meiden

Das Fluorid im Speisesalz, in Mineralwässern, in vielen konventionell angebauten und verarbeiteten Nahrungsmitteln sowie in Zahncremes vorkommt, stellt für die Zirbeldrüse eine besondere Gefahr dar, denn das Fluorid sammelt sich in ihrem Gewebe an und lässt sie schließlich verhärten [73].

## Fluorid - der größte Feind der Zirbeldrüse

Hormone, Quecksilber, Koffein, Tabak, Alkohol und raffinierter Zucker können Verkalkungen der Zirbeldrüse auslösen. Strahlungsfelder, wie jene, die uns in Form von Stromleitungen, Mobiltelefonen und Internetnetzwerken umgeben, haben ebenfalls eine zerstörerische Wirkung auf diese wichtige Drüse. Um die Zirbeldrüse in ihrer Funktion zu unterstützen und sie wieder zu aktivieren, ist es unumgänglich, die genannten Gefahren weitestgehend zu meiden [74].

## Moderne Lebensweise - unsere Zirbeldrüse schrumpft

Die Zirbeldrüse hat sich im Laufe der Zeit stark zurückgebildet. Sie ist von ihrer ursprünglichen Größe von ca. 3 Zentimetern auf wenige Millimeter geschrumpft. Das liegt unter anderem daran, dass der Mensch kaum mehr nach seiner inneren Uhr lebt [73].

Durch künstliche Lichtquellen wird die Nacht zum Tag. Mangelndes Sonnenlicht und eine unzureichende Nachtruhe beeinträchtigen die Funktion der Zirbeldrüse erheblich. Auch die hohe Belastung des Körpers durch Giftstoffe wie z.B. Mikroplastik und Feinstaub haben gravierende Auswirkungen auf die Aktivität der Zirbeldrüse – sie beginnt zu verkalken. Dabei ist sie an mehr als 100 verschiedenen Vorgängen in unserem Körper beteiligt [74].

## Zirbeldrüse und der Alterungsprozess

Eine kleine Drüse im Zentrum des Gehirns, die Zirbeldrüse oder auch Epiphyse (engl. Pineal Gland) genannt, erscheint auf den ersten Blick weitaus weniger bedeutungsvoll, als sie es in Wahrheit ist. Die kieferzapfenförmige Zirbeldrüse ist zwar winzig klein, dennoch ist sie außerordentlich wichtig für unsere körperliche, geistige und, der Meinung einiger Experten zufolge, auch für unsere spirituelle Gesundheit. Sie steuert die innere Uhr, reguliert den Schlaf und erhöht unsere Intuition. Lässt die Zirbeldrüse in ihrer Funktion nach, setzt der physische und psychische Alterungsprozess ein.

Die Tatsache, dass mit steigender Abnahme der Zirbeldrüsentätigkeit auch automatisch der Melatonin Spiegel sinkt, ist in Bezug auf den Alterungsprozess sehr interessant. Durch die Abnahme des Melatonin Spiegels wird der Alterungsprozess beschleunigt und die Anfälligkeit für Erkrankungen jeder Art steigt an. Um den eigenen Melatonin Spiegel zu messen, gibt es Selbsttests für zu Hause zu kaufen [75].

Wissenschaftler vermuten sogar, dass ein reduzierter Melatonin Spiegel mit Alzheimer in Verbindung steht. Einige Untersuchungen zeigten bereits positive Ergebnisse bei der Behandlung von Alzheimer durch die Wiederherstellung des zirkadianen Rhythmus mittels einer Lichttherapie und der Einnahme von Melatonin. Einige Menschen berichteten auch von einem gesteigerten Empathie-Empfinden, was sich sehr positiv auf persönliche Beziehungen auswirkte [75].

## Was unsere Zirbeldrüse blockieren lässt – Beispiele

- Fluorid in Zahnpasta und im Wasser
- verarbeitete "Junk"-Lebensmittel
- Limonade und andere kohlensäurehaltigen Getränke
- raffinierter Zucker, Fette, Mehl
- beschränkte Glaubenshaltungen
- Mangel an spiritueller Praxis
- verarbeitete Fleischwaren wie z.B. Chicken Nuggets

Es gehören nur gute Fluoride in den menschlichen Körper. Die Zirbeldrüse ist der Haupt-Rhythmusgeber für alle Drüsen und hat auch großen Einfluss auf eine gesunde Schilddrüse [76].

## So aktivieren Sie Ihre Zirbeldrüse

- Entgiften Sie Ihren Körper, indem Sie eine Mineralerde mit einer starken Bindefähigkeit für Toxine (Bentonit, Zeolith etc.) einnehmen. Die gebundenen Gifte können so schnellstmöglich über den Darm ausgeschieden werden.
- Entlasten Sie Ihre Leber mit Präparaten wie Mariendistel, Löwenzahnwurzel, Curcuperin, und Bitterstoffen wie Bitterstern o.ä.
- Führen Sie eine Darmreinigung durch. Dies ist eine ausgezeichnete Maßnahme, um möglichst viele Toxine auszuleiten und somit die Leber wirkungsvoll zu entlasten.

- Nehmen Sie als Nahrungsergänzung die Chlorella-Alge ein. Sie ist hervorragend zur Ausleitung von Schwermetallen geeignet.
- Trinken Sie täglich 2 bis 2,5 Liter gutes Quellwasser, damit ein großer Teil der gelösten Toxine auch über die Nieren ausgeschieden werden kann.
- Das Einatmen von ätherischem Neroliöl regt die Zirbeldrüsenfunktion an.
- Gehen Sie möglichst täglich für 15 Minuten in die Sonne, denn das Sonnenlicht aktiviert die Zirbeldrüse.
- Atmen Sie während der Meditation tief und bewusst. Konzentrieren Sie sich dabei auf den Bereich Ihrer Stirn zwischen beiden Augen – das so genannte dritte Auge
- Singen Sie so oft es geht, da die so erzeugten Schwingungen die Zirbeldrüse stimulieren [77]

Eine in diesem Zusammenhang wichtige Frequenz ist die Schumann-Frequenz. Eine seit Urzeiten auf unserem Planeten vorhandene geomagnetische Schwingung. Was hat diese Schwingung mit uns Menschen zu tun und wie beeinflusst sie uns?

# Wissenschaft:
# Was ist die Schumann-Frequenz?

Die Schumann-Frequenz ist eine seit Urzeiten vorhandene, geomagnetische Schwingung auf unserem Planeten. Dies sind stehende, elektromagnetische Wellen, die sich kontinuierlich mit einer bestimmten konstanten Frequenz entlang des Umfangs der Erde bilden, jede Energieentladung im „Hohlraumresonator" zwischen Ionosphäre und Erdoberfläche. Jeder normale Blitzschlag erzeugt gleichsam als Nebenprodukt Radiowellen, welche die Energie zur Aufrechterhaltung dieser Resonanzschwingung liefern. Die Schumann-Frequenz ist nach dem deutschen Physiker Prof. Dr. W. O. Schumann (1888 – 1972) benannt, der diese Frequenz zunächst aus rein theoretischen Überlegungen ableitete (Schumann 1952). Kurze Zeit später konnte er gemeinsam mit Herbert L. König diesen Wert auch erstmals messtechnisch nachweisen (Schumann & König 1954). Die dabei ermittelte Frequenz (die Grundfrequenz eines ganzen Spektrums von Resonanzfrequenzen) betrug tatsächlich wie vorhergesagt exakt 7,83 Hertz.

Heute nimmt man an, dass in der Evolution der Lebewesen eine langsame Anpassung an die vorherrschenden geomagnetischen Wellen erfolgte und dass auf diese Weise eine enge Symbiose zwischen geomagnetischem Feld und dem Verhalten und Wohlbefinden der Lebewesen auf der Erde entstand (Funk, Monsees & Özkuzur 2009).

Das bedeutet, dass seit der Existenz einer Ionosphäre auf der Erde die Schumann-Resonanzfrequenz von 7,83 Hz als Grundfrequenz vorhanden war und somit von allen Lebewesen als Bezugsfrequenz für eine Reihe von physiologischen Funktionen genutzt werden konnte (Aschoff 1954, Glass 2001). Man kann sich folglich die Schumann-Frequenz ähnlich wie einen Quarzkristall in einem Computer oder in einer Uhr vorstellen, der die Aufgabe eines Taktgebers erfüllt [78].

## Schumann-Frequenz unser Leben

Neurobiologische Untersuchungen haben ergeben, dass die Grundfrequenz des Hippocampus, eines wichtigen Hirnareals des Menschen, im Bereich der Schumann-Frequenz liegt (O'Keefe & Nadel 1978). Die gemessenen 7,83 Hz wurden dabei unabhängig voneinander von der NASA, von Prof. R. Wever und von dem Biophysiker Dr. W. Ludwig als sogenannte **Leitfrequenz oder „Herzschlag" der Erde** bezeichnet.

**Hippocampus:** Der Hippocampus dient als zentraler Teil des Limbischen Systems der Steuerung der Affekte. Hier sitzt das Zentrum der emotionalen Äußerungen wie Wut, Angst und Freude. Auch das Sexualverhalten und viele vegetative Funktionen werden im Limbischen System gesteuert [78].

Prof. Michael Persinger, der im Auftrag der NASA forschte, erkannte als erster, dass sich während der frühen bemannten Raumflüge durch das Fehlen der Schumann-Frequenz außerhalb der Ionosphäre erhebliche physiologische Probleme bei den Astronauten einstellten und dass diese nur durch die Installation von eigens dafür entwickelten Schumann-Generatoren behoben werden konnten (Persinger 1967). Prof. Rütger Wever vom Max Planck-Institut in Erling–Andechs führte unabhängig davon Experimente mit Freiwilligen durch, die einen Monat lang in einem magnetisch abgeschirmten Bunker leben mussten. Dabei traten deutliche Veränderungen der circadianen Rhythmen, die eine Art „innere Uhr" des Körpers darstellen, auf. Es kam zu einer auffallenden Destabilisierung des Wach-Schlaf-Rhythmus, des Tagesganges, der Körpertemperatur sowie des Cortison-Spiegels im Blut. Sobald die Versuchspersonen wieder unter normalen Verhältnissen lebten, bildeten sich diese Störungen wieder zurück. Denselben positiven Effekt erreichte Prof. Wever auch, als er im Bunker einen Schumann-Generator installierte (Wever 1968) [78] .

## Erdmagnetfeld nimmt direkten Einfluss auf unser Gehirn

Wissenschaftliche Studien am California Institute of Technology (Caltech) in Pasadena, USA, haben erfolgreich nachweisen können, dass das Erdmagnetfeld auf unser Gehirn direkten Einfluss hat. Das Institut hat in seinen wissenschaftlichen Studien herausgefunden, dass sich im menschlichen Gehirn Magnetit Kristalle ($Fe_3O_4$) befinden. Eben diese Kristalle sind es, die wie ein magnetischer Funkempfänger „arbeiten" und über die das Erdmagnetfeld vom Gehirn wahrgenommen wird. Dem renommierten amerikanischen Forscherteam Kirschvink, Kobayashi-Kirschvink & Woodford gelang 1992 die Bestätigung, dass solche Kristalle im Gehirn des Menschen in einer großen Anzahl nachweisbar sind.

Sehr interessant ist es zu erfahren, dass gleichartige biologische Magnete mittlerweile in sogar mannigfaltigen Lebewesen auf unserem Planeten entdeckt wurden. Dieser Magnetit, welcher als Magneteisenstein bekannt ist, reagiert über eine Million Mal stärker auf ein äußeres Magnetfeld als jedes andere biologische Material. Kristalle aus Magnetit können als Antennen-Kristalle auch relativ schwache Signale empfangen und entsprechend auf diese reagieren [78].

## Schumann-Frequenz physiologische Gefahren

Durch die enorme Technisierung, die rasant fortschreitende Digitalisierung auf allen Ebenen, den immens hohen Gebrauch von Handys, WLAN, Bluetooth, Funk, 5G-Ausbau usw. wird die Schumann-Frequenz immer mehr von anderen, im Nahbereich oft stärkeren Schwingungen überlagert. Deshalb ist unser Körper offenbar immer weniger in der Lage, diesen natürlichen Taktgeber der Erde zu empfangen, was der Grund dafür zu sein scheint, dass immer öfter lebensnotwendige Funktionsabläufe im Körper aus der Balance geraten (Hecht 2011, Mulligan & Persinger 2012), ähnlich wie es den ersten Astronauten bei der Eroberung des Weltraums ergangen ist und ähnlich wie dies für astronomische Störeinflüsse auf unserer Erde (z.B. Sonnenstürme) nachgewiesen ist (Cherry 2002) [79-81].

## Schumann-Resonanz wissenschaftlich nachgewiesen

## Positive Wirkung auf den menschlichen Körper

( 81-90 )

- besserer Schlaf und erhöhtes Wohlbefinden durch Stabilisierung circadianer Rhythmen (Wever 1973, Cherry 2002)
- verbesserter Knochenaufbau durch Stimulierung der Osteoblasten (Aaron & Ciombor 1996)
- verstärkte Immun- und Krebsabwehr (Liebermann et al. 2001)
- normalisierter Blutdruck (Mitsutake et al. 2005)
- weniger Herzinfarkte durch Erhöhung der Herzschlagvariabilität (Lyskov et al. 2001)
- gedämpfte Schmerzempfindlichkeit (Eccles 2005)
- erhöhte Gedächtnisleistung durch Anregung des Hippocampus (O'Keefe & Nadel 1978)
- verbessert geistige Leistungsfähigkeit durch Synchronisation neuronaler Rhythmen (Rutishauser et al. 2010, Mulligan & Persinger 2012)[91-105].

**Hätten Sie es gewusst?** Denn die Belastung beginnt bereits im Babyalter. Babyphone sind in vielen Haushalten im Einsatz. Sie erleichtern und geben Sicherheit. Doch genau hier fängt eine erste Belastung an und Firmen gehen sogar noch weiter und planen und entwickeln sogenannte „smarte" Windeln. Der „Baby Monitor" ist dann somit im Strampelanzug eingebaut und vermisst Schlaf, Atmung, Aktivität, Position und Hauttemperatur. Den Eltern wird per App auf das Smartphone der Windel- und sonstige Körperzustand

per WLAN-Fernwartung angezeigt. Es gibt nur noch wenig Heran-
wachsende ohne ein eigenes Smartphone. Kinder und Jugendliche
nutzen es nahezu permanent vom Aufwachen bis zum Einschlafen
(Knop 2015, S.124). Sie sind einer Dauerbestrahlung ausgesetzt,
v.a. durch dauerfunkende Apps. Milliarden Menschen nutzen die
Endgeräte körpernah, deshalb kann schon ein kleines Risiko große
Folgen haben. Seit über 20 Jahren wertet der Fachinformations-
dienst Strahlentelex/Elektrosmog Report monatlich die Studien-
lage aus und seit dem Jahr 2009 auch die Verbraucherschutzorga-
nisation [106 – 117].

## Digitaler Wahnsinn wächst

Wir leben in einem Zeitalter des mobilen digitalen Wahnsinns. Wo wird dies alles noch hinführen. Kinder haben mehr und mehr Konzentrationsschwierigkeiten. Die Nachhilfezentren boomen. Immer mehr Menschen leiden vermehrt unter Burnout, wobei hier ständig begleitende Kopfschmerzen nur eines von vielen Begleitsymptomen sein können. Heutzutage ist es ganz normal Kopfschmerzen zu haben, ob jung oder alt. Wir greifen ruck zuck zur Tablette, warum? Das machen doch alle so und wegen Kopfschmerzen zu Hause bleiben? Ein schleichender Prozess, der sich nach und nach über Wochen, Monate und sogar über Jahre hinweg ziehen kann, bis der Körper ein Stopp-Signal, meist in Form eines Zusammenbruchs, Depression, Angstzustände, Burnout, Panikattacken die Liste ist lang, äußert. Wir haben es verlernt auf unseren Körper zu hören. Wir leben in einer leistungsbezogenen kompetitiven Gesellschaftsform, welche zum Ausruhen und Genießen kaum Zeit lässt. Oder haben wir verlernt uns Zeit für uns selbst zu nehmen? Wie geht das, Freizeit? Freizeit was ist das? Wie geht dies: Hinsetzen und einfach nur bei sich selbst zu sein, zu lächeln und Tagträumen. In diesen herausfordernden Zeiten doch eher sehr schwer.

# Der Elektromagnetische Schwingungsgenerator

**GENII® aus Österreich erobert Gesundheitsmarkt**

Wenn der Energiefluss im Körper durch negative Umweltfaktoren wie geopathogene Einflüsse, unvorhersehbare Ereignisse, Elektrosmog, Stress, ständige Überlastung und falsche Ernährung gestört ist, fühlt sich der Mensch oft müde, schwach und ausgelaugt. Er merkt deutlich, wie seine Energie schneller verbraucht wird und er verliert seine gewohnte Hochform.

## Wissenschaftlich nachgewiesen positive Wirkung

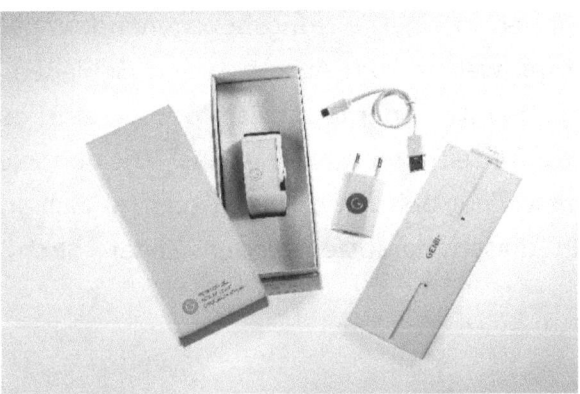

Bild Quelle. Werner Krug© GENII®

**GENII®** ist ein akkubetriebener Schwingungsgenerator im Biofrequenzbereich, der ein natürliches, auf der Erdoberfläche vorkommendes elektromagnetisches Feld auf Basis der Schumann-Frequenz erzeugt und an den Körper abgibt.

Damit schafft GENII®, quasi wie ein Dirigent mit dem Taktstock, die Basis für die richtige Synchronisation aller lebensnotwendigen Regel- und Funktionsabläufe im Körper. Der Nutzer von GENII® wird so gegen Stress und Überforderung resistenter, erhält seine volle Leistungsfähigkeit zurück und findet im Schlaf wieder maximale Regeneration. Bereits die NASA hat ihre Astronauten mit einem Schumannmagnet ins All geschickt, um die Gesundheit der Besatzung durch das Nachempfinden des natürlichen Erdmagnetfeldes erfolgreich zu erhalten. Somit handelt es sich um eine bereits langjährige erforschte Technologie, die aktuell mit GENII® nun auch erstmals im Privatbereich angewendet werden kann [118].

### Wissenschaftlich nachgewiesen positive Wirkung

Bild Quelle. Werner Krug© GENII®

**Die Schumann-Resonanz – und damit GENII® – hat wissenschaftlich nachgewiesen positive Wirkung auf:**

- Melatonin Produktion
- Stimmung und Leistungsfähigkeit
- Hippocampusaktivierung
- Immunsystem

**Sie können mit GENII® drei Basisfrequenzen nutzen**

- **ACTIVE**: für Zeiten erhöhten Leistungsbedarfs
- **BALANCE**: für Stabilisierung im Alltag
- **SLEEP**: für erholsamen Schlaf

Der Elektromagnetische Schwingungsgenerator verfügt über drei verschiedene Programme. Diese drei Programme haben verschiedene Funktionen, so dass Sie für jede Herausforderung gerüstet sind: Balance, Active und Sleep. Je nach Bedarf kann durch 2-maliges kurzes Drücken des Tasters zwischen diesen gewechselt werden. Das jeweilige Programm wird durch unterschiedliche Farben am Gerät dargestellt. Um das gerade aktive Programm anzuzeigen wird einmal kurz auf den Taster gedrückt.

Der akkubetriebene, elektromagnetische Schwingungsgenerator setzt genau hier im Biofrequenzbereich an. Er erzeugt auf Basis der Schumannwelle elektromagnetische Niederfrequenzen mit verschiedenen Frequenzmustern, die in jahrzehntelanger Forschung entwickelt wurden. Wie bereits beschrieben, schafft GENII® wie ein

Dirigent mit dem Taktstock die Basis für die richtige Synchronisation aller lebensnotwendigen Regel- und Funktionsabläufe im Körper. Der Benutzer wird dadurch gegen negative Umweltfaktoren, wie Stress und Überforderung resistenter [119].

Die laufend abgegebenen Impulse sorgen für eine höhere Leistungsfähigkeit und eine schnellere Regeneration im Alltag. Wichtig in diesem Zusammenhang ist die Studie von O'Keefe und Nadel (1978), in der nachgewiesen wurde, dass Frequenzen im Bereich der Schumann-Resonanz (7,83 Hz) im Hippocampus vorkommen. Dieses Hirnareal ist von zentraler Bedeutung für alle Prozesse, die mit Aufmerksamkeit, Konzentration und Lernvorgängen zu tun haben. Der Benutzer kann normalerweise zwischen drei Basisprogrammen mit aktivierendem, stabilisierendem und entspannendem Schwingungsdesign wählen. Die verschiedenen Frequenzmuster, die Stärke und die Form der erzeugten elektromagnetischen Felder dieser Generatoren wurden in über 50jähriger, empirischer Arbeit in Zusammenarbeit mit verschiedenen namhaften Ärzten und Instituten entwickelt, erprobt und auf die Bedürfnisse des menschlichen Organismus hin optimiert [120].

# Schlusswort

Wie bereits Eingangs in diesem Ratgeber beschrieben, ist der PCR-Test wohl „unzuverlässig"? Viele Menschen beginnen zu zweifeln, viele Menschen sind weltweit verzweifelt, viele Menschen beginnen zu hinterfragen. Zu hinterfragen ob es sein kann, dass diese von der Regierung ergriffenen teils menschenunwürdigen Maßnahmen überhaupt rechtens waren und sind. Gerichte beginnen – wie Eingangs beschrieben – zu hinterfragen und näher hinzuschauen und Untersuchungen anzustreben, wie jüngst ein Gericht in Weimar sein Urteil fällte: Das Amtsgericht sprach einen Betroffenen frei, der im April 2020 mit mindestens sieben weiteren Personen aus insgesamt sieben Haushalten in einem Hinterhof einen Geburtstag feierte. Laut Thüringer Sars-CoV-2-Eindämmungsmaßnahmenverordnung wäre nur ein Gast aus einem anderen Haushalt erlaubt gewesen. Diese Verordnung sei jedoch formell und vor allem in jeder Hinsicht materiell verfassungswidrig (https://www.haufe.de/recht/weitere-rechtsgebiete/strafrecht-oeffentl-recht/ag-weimar-erklaert-corona-kontaktbeschraenkungen-fuer-nichtig_204_535026.html). Wissenschaftler aus aller Welt, Koryhäen auf ihren jeweiligen Fachgebieten schütteln die Köpfe und schlagen die Hände vor dem Gesicht zusammen. Warum wurden sie ausgelassen? Warum wurden ihre Meinungen nirgends herangezogen? Wiederholt sich die Geschichte? Welches Interesse haben Regierende und Politiker am Ausbau von 5G wirklich und was steckt dahinter?

Sollte es sich bewahrheiten, dass der PCR-Test unbrauchbar bzw. unzuverlässig ist und – wie der Erfinder und Biochemiker Kary Mullis in seinem Video [4] beschreibt - keine Viren nachweisen können – fällt die gesamte Corona-Politik weltweit? Das gesamte menschenunwürdige Leid, der Trümmerhaufen von unzähligen Existenzen, Suizide weltweit aufgrund dieser „Pandemie", alles umsonst, unfassbar und ohne Worte? Seien wir gespannt darauf, was uns die nächsten Monate erwarten wird.

# Haftungsausschluss

## Haftungsausschluss und allgemeiner Hinweis

Die hier dargestellten Inhalte dienen ausschließlich der neutralen Information und allgemeinen Weiterbildung. Sie stellen keine Empfehlung oder Bewerbung der beschriebenen oder erwähnten diagnostischen Methoden, Firmen, Behandlungen oder Arzneimittel dar. Der Text erhebt weder einen Anspruch auf Vollständigkeit noch kann die Aktualität, Richtigkeit und Ausgewogenheit der dargebotenen Information garantiert werden. Der Text ersetzt keinesfalls die fachliche Beratung durch einen Arzt oder Apotheker und er darf nicht als Grundlage zur eigenständigen Diagnose und Beginn, Änderung oder Beendigung einer Behandlung von Krankheiten verwendet werden. Konsultieren Sie bei gesundheitlichen Fragen oder Beschwerden immer den Arzt Ihres Vertrauens! Der Autor/Herausgeber übernimmt keine Haftung für Unannehmlichkeiten oder Schäden, die sich aus der Anwendung der hier dargestellten Information ergeben. Sie gilt ebenso für das gesamte hier Vorliegende.

# Anhang

## Allgemeine Anmerkung

Alle angegebenen Informationen sind nach bestem Wissen und Gewissen zusammengetragen worden und erheben keinen Anspruch auf Vollständigkeit.

# Danksagungen

Ein Buch oder Büchlein zu schreiben oder auch „nur" Informationen zu sammeln und diese für ein Buch aufzubereiten, sind eine wahre Herausforderung. Es hat mir Freude bereitet dieses kleine Büchlein zu erstellen und hoffe sehr, dass es Menschen weiterhelfen wird. Mir ist es ein großes Anliegen gerade in der aktuellen für uns alle herausfordernden Zeit der Corona-Pandemie, einen Beitrag zu leisten.

Hier an dieser Stelle möchte ich mich besonders bei Frau Sabine Holzknecht für die Bereitstellung Ihres Artikels „PCR-Test nicht zuverlässig" bedanken.

Herzlichen Dank an Herrn Mag. Nikolaus Grissmann, Gechäftsführer der Firma GENII® in Österreich, für die Genehmigung des Textes und des Bildmaterials. Hier besonderen Dank an Herrn Fotografen Werner Krug.

Vielen Dank an Herrn Andreas Madel für seine prompte Kooperation - Pulsoxymeter: www.mobil-bleiben.de.

Vielen Dank an Herrn Christian Wenzel (mr.broccoli) in Zusammenarbeit mit herbano.com. bezüglich Textmaterial zum Thema: MSM.

Weiter möchte ich mich hier an dieser Stelle recht herzlich bei Frau Beate Bradschetl und Herrn Jolf Schneider von der Suhler Verlagsgesellschaft bedanken für die Lizenzüberlassung des Artikels: „Der Impfstoff ist da, doch die Lust auf ihn schwindet."

# Referenzen

( 1 )   https://www.salto.bz/de/article/19112020/pcr-test-nicht-zuverlaessig

https://tribunal-https://tribunal-re-
lacao.vlex.pt/vid/851822033?_ga=2.155956985.353358071.1605737091-
350727261.1605737091

( 2 )   https://doi.org/10.1093/cid/ciaa1491

( 3 )   https://www.finddx.org/covid-19/sarscov2-eval-molecular/?fbclid=I-
wAR3jhBlJb4oCEeJjZYPxWcUdwqlDupAtGn14bnhMEPPBZvZdLvl3xbi-
OxH0)

( 4 )   https://www.youtube.com/watch?v=LvNbvD0YI54

( 5 )   https://www.thelancet.com/journals/lanres/article/PIIS2213-
2600(20)30453-7/fulltext

( 6 )   https://www.lungeninformationsdienst.de/praevention/grundlagen-at-
mung/gasaustausch/index.html

( 7 )   https://www.gesundheitsinformation.de/wie-funktioniert-die-lunge.html

( 8 )   https://www.tvaktuell.com/bayern-ffp2-maskenpflicht-fuer-nahverkehr-
und-einzelhandel-ab-18-januar-389345/
https://www.bundesregierung.de/breg-de/aktuelles/bund-laender-be-
schluss-1841048
https://www.tagesschau.de/inland/bund-laender-beschluss-103.html

( 9 )   https://www.insuedthueringen.de/inhalt.impfbereitschaft-der-impfstoff-
ist-da-die-bereitschaft-sinkt.9bf7de0b-8d85-42a2-a074-
6f096a41f39f.html

( 10 )  https://www.aerzteblatt.de/nachrichten/112344/Nicht-fuer-jeden-ist-das-
Tragen-einer-Maske-unbedenklich

( 11 )  https://de.wikipedia.org/wiki/Respiratorische_Azidose

( 12 )  https://www.aerzteblatt.de/nachrichten/112344/Nicht-fuer-jeden-ist-das-
Tragen-einer-Maske-unbedenklich

( 13 )  https://www.netdoktor.de/krankheiten/herzrhythmusstoerun-
gen/extrasystolen/#:~:text=Extrasystolen%20sind%20Herzschl
%C3%A4ge%2C%20die%20zus%C3%A4tzlich,sie%20Warnzeichen%20ei-
ner%20schweren%20Herzerkrankung

( 14 )  https://www2.deloitte.com/content/dam/Deloitte/de/Documents/life-sci-
        ences-health-care/Digitalisierung%20des%20Gesundheitsmarktes.pdf

        https://www.stuttgarter-nachrichten.de/inhalt.studien-aus-new-york-und-
        stanford-smartwatches-erkennen-corona-infektion-noch-vor-ersten-sympto-
        men.80fe1178-b2dc-4db5-a05e-cea0cbfb35d2.html

( 15 )  https://praxistipps.chip.de/wearables-was-ist-das-eigentlich_95328
        https://www.data4life.care/de/journal/health-wearable-
        apps/#:~:text=Der%20Markt%20f%C3%BCr%20Wearab-
        les%20w%C3%A4chst,mit%20527%20Millionen%20%5B3%5D

( 16 )  http://patienten-bibliothek.org/copd-diagnostik-2019/

( 17 )  http://patienten-bibliothek.org/copd-diagnostik-2019/

( 18 )  https://www.mobil-bleiben.de/hilfsmittel/messgeraete/pulsoximeter/

( 19 )  http://patienten-bibliothek.org/copd-diagnostik-2019/

( 20 )  https://www.apotheken-umschau.de/Pulsoxymetrie#Was-ist-ein-Pulsoxy-
        meter-Welche-Sauerstoffwerte-brauchen-wir

        https://www.apotheken-umschau.de/Pulsoxymetrie#Wann-ist-eine-Puls-
        oxymetrie-notwendig

        https://www.apotheken-umschau.de/Pulsoxymetrie#Wie-funktioniert-
        die-Pulsoxymetrie

        https://www.apotheken-umschau.de/Pulsoxymetrie#Welche-Grenzen-o-
        der-Risiken-hat-eine-Pulsoxymetrie

( 21 )  https://www.sanismart.de/notfall/reanimation-und-ueberwachung/pulso-
        ximeter/pc-68b-handgelenk-pulsoximeter-inkl-softsensor-fuer-erwach-
        sene/a-3741

( 22 )  https://www.helpi.com/Rettungsdienst/Ausruestung/Technische-Gera-
        ete/Pulsoximeter.htm

( 23 )  https://www.apotheken-umschau.de/Pulsoxymetrie#Welche-Grenzen-o-
        der-Risiken-hat-eine-Pulsoxymetrie

( 24 )  https://www.mobil-bleiben.de/hilfsmittel/messgeraete/pulsoximeter/

( 25 )  https://pim.beurer.com/images/attribut/454.20-PO60_2019-01-
        31_02_IM1a_BEU_DE-EN.pdf

( 26 )  https://pim.beurer.com/images/attribut/454.20-PO60_2019-01-
        31_02_IM1a_BEU_DE-EN.pdf

( 27 )   https://schlafwissen.com/schlaf-apps-schlafueberwachung/]   [abgerufen am 31.10.2020]

( 28 )   https://www.thelancet.com/journals/landig/article/PIIS2589-7500(19)30241-9/fulltext [abgerufen am 31.10.2020]

( 29 )   https://corona-datenspende.de/science/reports/fevercurve/ [abgerufen am 31.10.2020]

( 30 )   https://wvutoday.wvu.edu/stories/2020/04/08/wvu-rockefeller-neuro-science-institute-and-oura-health-unveil-study-to-predict-the-outbreak-of-covid-19-in-healthcare-professionals [abgerufen am 31.10.2020]

( 31 )   https://www.orthoknowledge.eu/wp-content/uploads/2012/05/Comple-mentair-BETAGLUCAN.pdf
https://www.geovis.de/beta-glucan-dosierung-und-wirkung/
Stier, H. et al.: Immune-modulatory effects of dietary Yeast Beta-1,3/1,6-D-glucan. Nutr. J. 2014; 13: 38

( 32 )   Barrager E et al, "A multicentered, open-label trial on the safety and effi-cacy of methylsulfonylmethane in the treatment of seasonal allergic rhini-tis", J. Altern Complement Med, April 2002, (Eine offene, multizentrische Studie über die Sicherheit und Wirksamkeit von Methylsulfonylmethan in der Behandlung von saisonaler allergischer Rhinitis)

( 33 )   https://www.vegan-athletes.com/msm-10-ueberragende-vorteile-von-organischem-schwefel/
Allergische Rhinitis plagt Betroffene oft das ganze Jahr", Ärzte Zeitung, Juni 2005
https://www.zentrum-der-gesundheit.de/organischer-schwefel-msm-pi.html
http://methylsulfonylmethan.net
http://www.orthoknowledge.eu/msm-update/
http://www.gesundheits-universum.de/msm-koerpereigener-schwefel/
https://de.wikipedia.org/wiki/Dimethylsulfon

( 34 )   Patrick McGean, "The Live Blood and Cellular Matrix Study", (Die Lebend-blut- und Zellmatrix-Studie)

( 35 )   Ethan A. Huff, "Organic sulfur crystals are a miracle food that provides amazing health benefits", Natural News, Juli 2010, (Organische Schwefel-kristalle sind ein Wundermittel, das für erstaunliche gesundheitliche Vor-teile sorgt)
https://www.vegan-athletes.com/msm-10-ueberragende-vorteile-von-organischem-schwefel/

( 36 )     Lim EJ et al, "Methylsulfonylmethane suppresses breast cancer growth by down-regulating STAT3 and STAT5b pathways", PLoS One, Juli 2012, (Methylsulfonylmethan unterdrückt das Wachstum von Brustkrebs durch herunterregulierte STAT3 und STAT5b Pfade) https://www.vegan-athletes.com/msm-10-ueberragende-vorteile-von-organischem-schwefel/

( 37 )     https://www.krankenkassenzentrale.de/produkt/anorganischer-schwefel#

( 38 )     https://www.krankenkassenzentrale.de/produkt/anorganischer-schwefel#

( 39 )     file:///C:/Users/megan/Dropbox/Mein%20PC%20(DESKTOP-JBAFINJ)/Downloads/MSM%20(3).pdf

( 40 )     Kim LS, "Efficacy of methylsulfonylmethane (MSM) in osteoarthritis pain of the knee: a pilot clinical trial", Osteoarthritis Cartilage, Mrz 2006, (Die Wirksamkeit von MSM bei osteoarthritischen Knieschmerzen: Eine klinische Pilotstudie)

( 41 )     Fischer HPA. Das DMSO-Handbuch. Verborgenes Wissen aus der Natur. Daniel Peter Verlag, Schnaittach. 2013

( 42 )     Herschler RJ, "Dietary and pharmaceutical uses of methylsulfonylmethane and compositions comprising it", U.S. Patent 4,514,421. April 30, 1985

( 43 )     Horváth, K; Noker, PE; Somfai-Relle, S; Glávits, R; Financsek, I; Schauss, AG (2002). "Toxicity of methylsulfonylmethane in rats". Food and chemical toxicology 40 (10): 1459–6.

( 44 )     Jacob SW und Herschler RJ personal communication. Oregon Health Sciences University, Portland, O.

( 45 )     Jacob SW. Preliminary Evaluation of MSM in Osteoarthritis. Oregon Health Sciences University unpublished paper 1997

( 46 )     Kim LS, Axelrod LJ, Howard P et al.: Efficacy of methylsulfonylmethane (MSM) in osteoarthritis pain of the knee: a pilot clinical trial. Osteoarthritis Cartilage 2006;14(3):286-94

( 47 )     47Liebke F. MSM – eine Supersubstanz der Natur. VAK Verlags GmbH, Kirchzarten. 2014

( 48 )     McCabe Dea. Polar solvents in chemoprevention of dimethyl-benzaanthracene induced rat mammary cancer. Arch Surg 1986; 121

( 49 )     Pearson TW, Dawson H.J. und Lackey, H.B. Natural Occurring Levels of Dimethylsulfoxide in Selected Fruit, Vegetables, Grains and Beverages. Ann Chemical Soc 1981

( 50 )    Pfiffner JJ. Dimethyl sulfone: A constituent of the adrenal gland. Journal of Biological Chemistry 1940; 131:731

( 51 )    Richmond VL. Incorporation of methylsulfonylmethane sulfur into guinea pig serum proteins. Life Sciences 1986; 39:263-68

( 52 )    Sellnow L. MSM An Aid from Nature. The Blood Horse 1987

( 53 )    Usha PR, Naidu MU: Randomised, double- blind, parallel, placebo-controlled study of oral glucosamine, methylsulfonylmethane and their combination in osteoarthritis. Clinical Drug Investigation 2004;24(6): 353-6.

( 54 )    Woldenberg SC. The treatment of chronic arthritis and rheumatoid conditions with colloidal sulfur. Journal of the Southern Medical Association 1935; 28:875-891

( 55 )    Xie, Q., et al, "Effects of AR7 Joint Complex on arthralgia for patients with osteoarthritis: results of a three-month study in Shanghai, China."; Nutr J. 2008 Oct 27

( 56 )    Windmann, W, Mumijo – Das schwarze Gold des Himalaya, Windpferd-Verlag

( 57 )    Goel RK et al, «Antiulcerogenic and antiinflammatory studies with shilajit», J Ethnopharmacol, April 1990, (Studien über Shilajit und dessen Wirksamkeit gegen Magengeschwüre und Entzündungen)

( 58 )    Sharma P et al, «Shilajit: evalution of its effects on blood chemistry of normal human subjects», Anc Sci Life, Oktober 2003, (Shilajit: Evaluierung von dessen Wirkungen auf die Blutchemie von humanen Normalprobanden)

( 59 )    Meena H et al, «Shilajit: A panacea for high-altitude problems», Int J Ayurveda Res, Januar 2010, (Shilajit: Ein Allheilmittel bei mit grossen Höhen verbundenen Problemen)

( 60 )    Biswas TK et al, «Clinical evaluation of spermatogenic activity of processed Shilajit in oligospermia», Andrologia, Februar 2010, (Klinische Bewertung von verarbeitetem Shilajit in Bezug auf die Spermaaktivität bei Oligospermie).

( 61 )    Wilson E et al, «Review on shilajit used in traditional Indian medicine», J Ethnopharmacol, Juni 2011, (Review über das in der traditionellen indischen Medizin angewandte Shilajit).

( 62 )    http://www.bgr.bund.de/DE/Themen/Sammlungen-Grundlagen/GG_Sammlungen/Objekt_Monat/1004_mumiyo.html   (Mumijo-Fund in der Antarktis)-

( 63 )    Aiello A et al, «Mumijo traditional medicine: fossil deposits from antarctica (chemical composition and beneficial bioactivity), Evid Based Complement Alternat Med», 2011, (Das traditionelle Heilmittel Mumijo: Fossilvorkommen aus der Antarktis (chemische Zusammensetzung und vorteilhafte Bioaktivität).

( 64 )    Carrasco-Gallardo C et al, «Can nutraceuticals prevent Alzheimer's disease? Potential therapeutic role of a formulation containing shilajit and complex B vitamins», 65Arch Med Res, November 2012, (Können Nahrungsergänzungsmittel der Alzheimer-Erkrankung vorbeugen? Potentielle therapeutische Rolle einer Rezeptur, die Shilajit und Vitamine des B-Komplexes enthält).

( 65 )    65Shahrokhi N et al, «Ulcer healing activity of Mumijo aqueous extract against acetic acid induced gastric ulcer in rats», J Pharm Bioallied Sci, Januar-März 2015, (Die geschwürheilende Wirkung von wässrigem Mumijo-Extrakt bei durch Essigsäure hervorgerufenem Magengeschwür bei Ratten)

( 66 )    66https://www.gesundheitsindustrie-bw.de/fachbeitrag/aktuell/biologische-geheimrezepte-fuer-ein-langes-leben

( 67 )    67Malekzadeh G, «Mumijo attenuates chemically induced inflammatory pain in mice», Altern Ther Health Med, März-April 2015, (Mumijo dämpft bei Ratten auf chemische Weise induzierten entzündlichen Schmerz)

( 68 )    https://wiki.yoga-vidya.de/Bhramari
https://www.aok.de/pk/magazin/wohlbefinden/stress/richtig-atmen-atemuebungen-fuer-mehr-ruhe-und-entspannung/

( 69 )    Luke J. "Fluoride deposition in the aged human pineal gland." Caries Res. 2001 Mar-Apr;35(2):125-8. (FluorideAblagerungin der gealtertenmenschlichenZirbeldrse.)

( 70 )    Kesik V et al.,"Melatonin ameliorates doxorubicin-induced skin necrosis in rats." Ann Plast Surg. 2010 Aug;65(2):250-3. (Melatonin bessert Doxorubicin-induzierte Haut-Nekrose bei Ratten.)

( 71 )    Wu YH, Swaab DF. "The human pineal gland and melatonin in aging and Alzheimer`s disease." J Pineal Res. 2005 Apr;38(3):145- (Die menschliche Zirbeldrüse und Melatoninin Bezug auf das Altern und die Alzheimer-Krankheit.)

( 72 )    Tooley GA et al.,"Acute increases in night-time plasma melatonin levels following a period of meditation." Biol Psychol. 2000 May;53(1):69-78. (Akute Erhöhungen des Nacht-Plasma-Melatonin-Spiegels nach einer Phase der Meditation.)

( 73 )    https://www.zentrum-der-gesundheit.de/artikel/medizin-forschung/zir-beldruese-ia´

( 74 )    Dr. Rick Strassman "DMT: The Spirit Molecule" Regina Bailey "PinealGland" About.com Guide (Zirbeldrse)
https://jeomra.de/blog/die-aktivierung-der-zirbeldruese-und-hypo-physe/

( 75 )    https://www.zentrum-der-gesundheit.de/artikel/medizin-forschung/zir-beldruese-ia
https://www.cerascreen.de/

( 76 )    "Food for Consciousness" (Lebensmittel für das Bewusstsein)
https://www.zentrum-der-gesundheit.de/artikel/medizin-forschung/zir-beldruese-ia

( 77 )    "How to decalcify the Pineal Gland?" (Wie man die Zirbeldrüse entkalken kann?)
https://www.zentrum-der-gesundheit.de/artikel/medizin-forschung/zir-beldruese-ia
https://vivoterra.com/die-fluor-luege-und-die-systematische-vergiftung/
https://speefak.spdns.de/oss_lifestyle/die-flourid-luge-der-anfang-vom-ende/

( 78 )    https://www.forschung-und-wissen.de/nachrichten/biologie/der-mensch-besitzt-auch-einen-geo-magnetsinn-13373131
https://www.genii-health.com/de-DE/info/wissenschaft
eNeuro, doi: 10.1523/ENEURO.0483-18.2019
https://de.wikipedia.org/wiki/Hippocampus

( 79 )    Aaron, R. K. & Ciombor, D. M. (1996): Acceleration of experimental endo-chondral ossification by stimulation of the progenitor cell pool. J Orthop Res 14, 582–589

( 80 )    Adey, W. R. (1993). Biological effects of electromagnetic fields. Journal of cellular biochemistry, 51(4), 410-416.

( 81 )    Altpeter, E.-S., Röösli, M., Battaglia, M., Pfluger, D., Minder, C. E. and Abelin, T. (2006), Effect of short-wave (6–22 MHz) magnetic fields on sleep quality and melatonin cycle in humans: the Schwarzenburg shut-down study. Bio-electromagnetics, 27: 142–150. doi:10.1002/bem.20183

( 82 )    Aschoff, J. (1954): Zeitgeber der tierischen Tagesperiodik. Naturwissen-schaften 41, 49-56

( 83 )    Bandara, P. (2016). Mobile phone use and the brain cancer incidence rate in Australia. Cancer Epidemiology, 44, 110

( 84 )    Barra, R., Llanwyn Jones, D. & Rodger, C.J. (2000): ELF and VLF radio waves. Journal of Atmospheric and Solar-Terrestrial Physics 62, 1689-1718

( 85 )    Brendel, H., M. Niehaus, and A. Lerchl. "Direct suppressive effects of weak magnetic fields (50 Hz and 162/3 Hz) on melatonin synthesis in the pineal gland of Djungarian hamsters (Phodopus sungorus)." Journal of Pineal Research 29.4 (2000): 228-233

( 86 )    Cherry, N. J. (2002). EMF/EMR reduces melatonin in animals and people.

( 87 )    Cherry, N. (2002): Schumann Resonances, a plausible biophysical mechanism for the human health effects of Solar/Geomagnetic Activity. Natural Hazards 26, 279–331

( 89 )    Eulitz, C., Ullsperger, P., Freude, G., & Elbert, T. (1998). Mobile phones modulate response patterns of human brain activity. Neuroreport, 9(14), 3229-3232

( 90 )    Freude, G., Ullsperger, P., Eggert, S., & Ruppe, I. (1998). Effects of microwaves emitted by cellular phones on human slow brain potentials. Bioelectromagnetics, 19(6), 384-387

( 91 )    Freude, G., Ullsperger, P., Eggert, S., & Ruppe, I. (1998). Effects of microwaves emitted by cellular phones on human slow brain potentials. Bioelectromagnetics, 19(6), 384-387

( 92 )    Hensinger, P., & Wilke, I. Mobilfunk: Neue Studienergebnisse bestätigen Risiken der nicht-ionisierenden Strahlung

( 93 )    Hladký, A., Musil, J., Roth, Z., Urban, P., & Blazkova, V. (1999). Acute effects of using a mobile phone on CNS functions. Central European journal of public health, 7(4), 165-167

( 94 )    Hysing M, Pallesen S, Stormark KM, et al Sleep and use of electronic devices in adolescence: results from a large population-based study BMJ Open 2015;5: e006748. doi: 10.1136/bmjopen-2014-006748

( 95 )    Jain, A., & Bhatnagar, M. (2010). Melatonin–a "magic biomolecule". Annals of Neurosciences, 14(4), 108-114

( 96 )    Kundi, M. (2009). The controversy about a possible relationship between mobile phone use and cancer. Environmental health perspectives, 117(3), 316

( 97 )     Kirschvink, J. L., Kobayashi-Kirschvink, A. & Woodford, B. J. (1992): Magnetite biomineralization in the human brain (iron/extremely low frequency magnetic fields). Proc. Natl. Acad. Sci. USA, Biophysics 89, 7683-7687

( 98 )     Leitgeb, N., Schröttner, J., Cech, R., & Kerbl, R. (2008). EMF-protection sleep study near mobile phone base stations. Somnologie-Schlafforschung und Schlafmedizin, 12(3), 234-243

( 99 )     Liebermann, P. M., Wölfler A. & Shauenstein, K. (2001): Melatonin and immune functions. In: Bartsch, C. et al. (eds), The Pineal Gland and Cancer. Springer, Berlin, 371–383

(100)     Lönn, S., Ahlbom, A., Hall, P., Feychting, M., & Swedish Interphone Study Group. (2005). Long-term mobile phone use and brain tumor risk. American journal of epidemiology, 161(6), 526-535

(101)     Mitsutake, G. et al. (2005): Does Schumann resonance affect our blood pressure? Biomed Pharmacother. 59(1), 10–14

(102)     Mulligan, B. P. & Persinger, M. A. (2012): Experimental simulation of the effects of sudden increases in geomagnetic activity upon quantitative measures of human brain activity: Validation of correlational studies. Neuroscience Letters 516, 54– 56

(103)     Neitzke, H. P., van Capelle, J., Depner, K., Edeler, K., & Hanisch, T. (2013). Risiko Elektrosmog?: Auswirkungen elektromagnetischer Felder auf Gesundheit und Umwelt. Springer-Verlag

(104)     O'Keefe, J. & Nadel, L. (1978): The hippocampus as a cognitive map. Clarendon Press, Oxford

(105)     Palmer, S. J., Rycroft, M. J., & Cermack, M. (2006). Solar and geomagnetic activity, extremely low frequency magnetic and electric fields and human health at the Earth's surface. Surveys in Geophysics, 27(5), 557-595

(106)     Persinger, M. A. (Ed.). (1974). ELF and VLF electromagnetic field eff Persinger, M. A. (1967): The effects of pulsating magnetic fields upon the behavior and gross physiological changes of the albino rat. Thesis. University of Wisconsin, Madisonects. New York: Plenum Press

(107)     Rutishauser, U. et al. (2010): Human memory strength is predicted by theta-frequency phase-locking of single neurons. Nature 464, 903-907

(108)     Schienle, A., Stark, R., Kulzer, R., Klöpper, R., & Vaitl, D. (1996). Atmospheric electromagnetism: individual differences in brain electrical response to simulated sferics. International Journal of Psychophysiology, 21(2), 177-188

(109)     Schienle, A., Stark, R., Walter, B., Vaitl, D., & Kulzer, R. (1997). Effects of low-frequency magnetic fields on electrocortical activity in humans: a sferics simulation study. International Journal of Neuroscience, 90(1-2), 21-36

(110)     Schumann, W.O. (1952): Über die strahlungslosen Eigenschwingungen einer leitenden Kugel, die von einer Luftschicht und einer Ionosphärenhülle umgeben ist. Z. Naturforsch 7a, 149

(111)     Schumann, W.O. & König, H.L. (1954): Über die Beobachtung von Atmospherics bei geringsten Frequenzen. Naturwissenschaften 41, 183

(112)     Shigemitsu, T., & Miyakoshi, J. (2006). Electromagnetics in biology (pp. 221-250). M. Kato (Ed.). Tokyo: Springer.

(113)     Wever, R. (1968): Einfluß schwacher elektro-magnetischer Felder auf die circadiane Periodik des Menschen. Naturwissenschaften 55, 29-32

(114)     Wever, R. (1973): Human circadian rhythms under the influence of weak electric fields and the different aspects of these studies. Int. J. Biometeorol. 17, 227

(115)     Wilson, B. W., Wright, C. W., Morris, J. E., Buschbom, R. L., Brown, D. P., Miller, D. L., ... & Anderson, L. E. (1990). Evidence for an effect of ELF electromagnetic fields on human pineal gland function. Journal of pineal research, 9(4), 259-269

(116)     Yüksel, M., Nazıroğlu, M., & Özkaya, M. O. (2016). Long-term exposure to electromagnetic radiation from mobile phones and Wi-Fi devices decreases plasma prolactin, progesterone, and estrogen levels but increases uterine oxidative stress in pregnant rats and their offspring. Endocrine, 52(2), 352-362

(117)     Zhdanova, I. V., Wurtman, R. J., Regan, M. M., Taylor, J. A., Shi, J. P., & Leclair, O. U. (2001). Melatonin treatment for age-related insomnia. The Journal of Clinical Endocrinology & Metabolism, 86(10), 4727-4730

(118)     https://www.genii-health.com/de-AT/info/ueber-genii

(119)     https://www.genii-health.com/de-AT/info/ueber-genii

(120)     https://www.genii-health.com/de-AT/info/ueber-genii

Zeitfracht Medien GmbH
Ferdinand-Jühlke-Straße 7
99095 Erfurt, Deutschland
produktsicherheit@kolibri360.de